MÁRIO FILHO
(AHMAD ABDUL HAQQ)

ISLAMISMO

Lafonte

Título – Islamismo
Copyright © Editora Lafonte Ltda. 2021

Todos os direitos reservados.
Nenhuma parte deste livro pode ser reproduzida por quaisquer meios
existentes sem autorização por escrito dos editores e detentores dos direitos.

Direção Editorial	**Ethel Santaella**
Organização e Revisão	**Ciro Mioranza**
Diagramação	**Demetrios Cardozo**
Imagem de capa	**200dgr / Shutterstock**

```
Dados Internacionais de Catalogação na Publicação (CIP)
       (Câmara Brasileira do Livro, SP, Brasil)

  Mário Filho (Ahmad Abdul Haqq)
    Islamismo / Mário Filho (Ahmad Abdul Haqq). --
  São Paulo : Lafonte, 2021.

    ISBN 978-65-5870-099-9

    1. Islã - História 2. Islamismo - Doutrinas
  3. Islamismo - História I. Título.

21-65714                                      CDD-297
```

Índices para catálogo sistemático:

1. Islamismo : História   297

Cibele Maria Dias - Bibliotecária - CRB-8/9427

Editora Lafonte
Av. Profª Ida Kolb, 551, Casa Verde, CEP 02518-000, São Paulo-SP, Brasil - Tel.: (+55) 11 3855-2100
Atendimento ao leitor (+55) 11 3855- 2216 / 11 – 3855 - 2213 – atendimento@editoralafonte.com.br
Venda de livros avulsos (+55) 11 3855- 2216 – vendas@editoralafonte.com.br
Venda de livros no atacado (+55) 11 3855-2275 – atacado@escala.com.br

Impressão e Acabamento
Gráfica Oceano

ÍNDICE

05	Introdução
08	**Apresentando o Islã**
08	1.1 Islã, a religião do monoteísmo absoluto
14	1.2 O Islã e a criação do universo
15	1.3 Muhammad, o profeta do Islã
19	1.4 O Islã como um movimento social
25	1.5 Islã: uma religião universal
27	**A adoração no Islã**
27	2.1 Os pilares do Islã
29	2.1.1 Testemunho de fé *(ash-Shahada)*
31	2.1.2 A oração *(as-Salat)*
32	2.1.3 A contribuição *(az-Zakat)*
34	2.1.4 O jejum *(as-Sawn)*
35	2.1.5 A peregrinação *(al-Hajj)*
37	2.1.6. JIHAD

39	2.2 Os pilares da fé islâmica
39	2.2.1 Crença em Allah *(at-Tawhid)*
40	2.2.2 Crença nos anjos *(al-mala'ika)*
41	2.2.3 Crença nos profetas *(an-Nabi)* e mensageiros *(ar-Rasul)* de Allah
42	2.2.4 Crença nos livros *(Al-kitab)* revelados
42	2.2.5 Crer no decreto divino *(al-qadar)*
43	2.2.6 Crença no juízo final *(al-Din)* e na vida após a morte *(al-Qiyamah)*
47	**As fontes islâmicas (o corão e a sunna) e seus diferentes aplicadores**
47	3.1 O Corão
51	3.2 A Sunna
57	3.3 A lei islâmica
59	3.4 Diferenças de entendimento: sunitas e xiitas
63	3.5 Sufismo: o misticismo islâmico
73	**O Islã no Brasil**
74	4.1 Os muçulmanos na África Ocidental
77	4.2 Os escravizados muçulmanos no Brasil
85	4.3 A imigração árabe
89	**Considerações finais**
91	**Referências bibliográficas**

INTRODUÇÃO

Depois dos ataques terroristas de 11 de setembro de 2001 nos Estados Unidos, o Islamismo passou a ser visto pelo Ocidente apenas como uma religião beligerante. A palavra *jihad*, que em sua etimologia quer dizer esforço, passou a ter um único sentido: guerra santa. As ideias de Samuel Phillips Huntington sobre o "choque de civilizações" e as de Edward Said sobre as "políticas imperialistas do Ocidente" animavam os debates acadêmicos, alguns bastante acalorados.

Aqueles que concordavam com Huntington atacavam o Islã e buscavam nas fontes da religião as justificativas para apontá-lo como uma religião de fanáticos e de violentos; enquanto os que defendiam as teses de Said faziam o contrário, tentando demonstrar que o Islã é uma religião de paz e de compreensão e que os fatos envolvendo os atentados terroristas eram exceção e haviam sido perpetrados por outros motivos, não só religiosos.

A imprensa mostrava, na maioria das vezes, que os muçulmanos, além de fanáticos violentos, eram machistas e preconceituosos. Isso causou diversos problemas de convivência entre muçulmanos e não muçulmanos, com ataques e agressões mútuas, inclusive físicas, o que corroborava com o que era propagandeado.

No Ocidente, há o senso comum de que o Islã ordena a seus seguidores que façam guerra contra os "infiéis" ou os matem sem qualquer motivo e as declarações de alguns radicais no mundo muçulmano não ajudam a acabar com essa falsa ideia na mente das pessoas, ao contrário, a estimula.

Embora o cristianismo ou o judaísmo não sejam acusados pelos crimes de cristãos ou de judeus, imputa-se ao Islã a razão dos crimes cometidos por muçulmanos, mesmo quando isso viola claramente os princípios da religião.

Longe de se fixar nessas discussões, este livro visa a apresentar ao leitor a religião islâmica, que se baseia, como todas as religiões, na paz e na caridade, servindo de instrumento para a compreensão do islamismo, por meio do entendimento de seus preceitos, práticas e crenças, de modo que algumas ideias preconcebidas e preconceituosas sejam ressignificadas.

Hoje, há mais de um bilhão e oitocentos milhões de pessoas que se declaram muçulmanas espalhadas pelo globo (LIPKA & HACKETT, 2015). De forma usual, o Islã é associado aos árabes, com características bem marcadas: homens barbudos e ignorantes, mulheres totalmente cobertas com roupas pretas, e todos eles terroristas em potencial.

Os muçulmanos representam a maioria da população em cinquenta e sete países em todo o mundo, incluindo Indonésia, Bangladesh, Paquistão, Egito, Iraque e Nigéria. Além disso, populações muçulmanas significativas podem ser encontradas na Índia, China, repúblicas da Ásia Central e Rússia, bem como na Europa e na América. Ao contrário da suposição popular, a maioria dos muçulmanos não é árabe. Na verdade, apenas 20% dos 1,5 bilhão de muçulmanos do mundo são originários de países árabes. As maiores comunidades muçulmanas encontram-se na Indonésia, Paquistão, Bangladesh e Índia (ESPOSITO, 2011, p.4).

Este livro se baseia na dissertação de mestrado do autor, *A Mística Islâmica em Terræ Brasilis: o Sufismo e as Ordens Sufis em São Paulo*, apresentada em 2012, na Pontifícia Universidade Católica de São Paulo, do Programa de Pós-Graduação em Ciência da Religião (Faculdade de Ciências Sociais).

Esta obra terá 4 capítulos: 1°. Apresentando o Islã; 2°. Adoração no Islã; 3°.As fontes islâmicas e seus diferentes aplicadores; e o 4°. Islã no Brasil, com algumas considerações ao final.

1 APRESENTANDO O ISLÃ

Islã (Islam) é uma palavra da língua árabe que significa paz, segurança, submissão e rendição. Muçulmano (*muslim*) é quem segue o Islã e significa aquele que, voluntária e espontaneamente, se submete e se rende a Allah (Deus) e à vontade de Allah.

Para explicar o emprego da palavra Allah, e não Deus, neste livro, reporta-se às palavras de Maurice Bucaille: "Allah, significa, em árabe, <u>O Deus</u>" (BUCAILLE, 1999, p. 139). Assim, Allah é o termo pelo qual os muçulmanos designam a Deus, da mesma forma que fazem os cristãos árabes, que chamam Deus de Allah. Desse modo, como cientista da religião, este autor, usará o mesmo termo da comunidade islâmica, com o intuito de aproximar o leitor do universo muçulmano, respeitando a forma como os membros dessa comunidade se expressam. De igual modo se fará em relação ao nome do profeta do Islã, que em língua portuguesa é chamado de Maomé, mas os muçulmanos consideram essa forma ofensiva.

1.1 Islã, a religião do monoteísmo absoluto

Os ensinamentos do Islã acentuam a crença fundamental

na unicidade (*at-Tawhid*) de Allah. Para os muçulmanos, a crença na unicidade absoluta de Allah foi a mensagem transmitida por todos os profetas e mensageiros que receberam as revelações divinas durante sua vida. Assim, a crença na existência de Allah e em sua unicidade é um princípio necessário do Islã.

> *At-Tawhid* é um substantivo árabe derivado de um verbo transitivo, *wahhada* (fazer um) denotando a Unicidade de Allah. De acordo com o Corão, os seres humanos testemunharam a *Tawhid* antes da criação do universo no mundo das almas e fizeram um juramento reconhecendo Allah como seu Senhor (7: 172). Todos os profetas, de Adão a Muhammad, ensinaram essa mesma crença e também se opuseram a qualquer coisa que a contradissesse (16:36)(MOGRA, 2020, p.4).

Segundo os muçulmanos, o Islã é o produto acabado das fases anteriores da revelação profética divina: judaísmo e cristianismo, por isso considerada como o "selo da profecia".

> Enquanto as grandes religiões do mundo trazem o nome de seus fundadores – cristianismo, budismo, zoroastrismo – ou, então, dos países nos quais surgiram – judaísmo, hinduísmo –, o Islã se define essencialmente como uma atitude em relação ao Criador e, portanto, às criaturas (VITRAY-MEYEROVITCH, 2002, p. 138).

O Islã é, para os muçulmanos, de fato, a religião original dos seres humanos, difundida por todos os profetas citados na Torá (livro sagrado dos judeus e cristãos), no Evangelho (livro sagrado dos cristãos) e no Corão (livro sagrado dos muçulmanos). Para eles, é o mesmo código dado a Noé, Abraão, Ismael, Isaac, Jacó, Moisés, Jesus e, finalmente, a Muhammad, o profeta do Islã, sendo a mesma religião de Abraão e que, mais tarde, Jacó ordenou a seus filhos seguirem: "Ó meus filhos! Por certo, Allah escolheu para vós o Islã; então, não morrais sem serem muçulmanos" (Corão, 2:132).

Diferentemente de outras expressões religiosas, não há uma igreja organizada ou sacerdócio no Islã, nem existe qualquer hierarquia sacerdotal. As reuniões dos muçulmanos são feitas em mesquitas (*Masjid*), que não possuem o mesmo caráter de igreja, pois a mesquita, além de local de oração, serve como local de encontro, estudo e até de comércio. As orações em conjunto são lideradas pelo *Imam*. Liderar a oração ou recitar e interpretar o Corão é geralmente feito por quem é mais capacitado no conhecimento do Corão e nas tradições (*sunna*[1]). Há, também os *Shaykh* (xeque) que são os formados em teologia islâmica e que também podem ocupar a função de *Imam* e liderar a oração.

No Islã também se crê no mal, seja dos seres humanos para com outros, seja dos *jinn* (gênios) para com eles mesmos e para com os seres humanos. Diferente do cristianis-

---

1. *Sunna*: o termo e seu significado pleno serão abordados mais adiante.

mo, não há uma figura que represente um opositor a Allah, pois não seria "O Absoluto" se o tivesse; mas há a figura de *Shaytan*, que é o termo islâmico para Satanás. *Shaytan* significa "afastar-se, desviar". Na doutrina islâmica, *Shaytan* procura afastar e desviar os seres humanos de Allah e de sua misericórdia. *Shaytan*, segundo o Islã, tem uma série de seguidores entre os humanos e os *jinn*, que tentarão continuamente corromper a todos, sussurrando sugestões malignas em suas mentes e corações. O Islã descreve o mundo físico e material como um lugar ilusório, de engano e de rivalidades, mas os seres humanos podem seguir os sussurros de *Shaytan* e de seus asseclas ou podem seguir as palavras de Allah e ter sucesso na vida futura, após a morte, que é o mundo real.

Numa perspectiva histórica, o Islã começa com Muhammad (c. 570-632) que nasceu em Meca, na atual Arábia Saudita. Para todos os muçulmanos, a crença em Allah e de que Muhammad é seu profeta são elementos essenciais da fé.

O Islã, também, se refere a uma cultura e a uma civilização, em que pese toda a sua diversidade, mas é difícil apontar o que constitui uma cultura ou uma civilização islâmica: há árabes muçulmanos, persas muçulmanos, chineses muçulmanos, muçulmanos africanos, muçulmanos do Sudeste asiático e muçulmanos ocidentais (europeus e americanos), entre outros.

Allah criou o ser humano com essa natureza complexa e multifacetada, não para que possa haver conflitos ou contendas, mas para que possa formar um todo harmonioso e funcionando perfeitamente. Isso por si só constitui a grande tarefa, o desafio último do ser humano. Assim, cada elemento da natureza do ser humano tem seu papel e função, suas necessidades legítimas e direito à satisfação; mas para realizar a harmonia que Allah deseja entre eles, o indivíduo deve exercer a força de sua vontade e governá-la de acordo com as leis que Allah estabeleceu para o seu bem, conseguindo assim síntese, integração e equilíbrio em sua personalidade. É por isso que o Islã se preocupa não apenas com questões "religiosas" e "espirituais", mas com todos os aspectos da vida humana, os quais se enquadram na estrutura da religião, no sentido islâmico do termo, tratando o ser humano como um todo (HANEEF, 1995, p. 12).

Como tradição viva, o Islã significa muitas coisas diferentes para pessoas completamente diferentes. As tradições e práticas religiosas são diversas, dependendo dos contextos sociais, culturais, econômicos e políticos.

O Islã como uma nomenclatura abrangente e padronizada é um mito, pois há uma grande diversidade de conceitos e modos de vida entre os próprios muçulmanos. Como consequência, muitos estudiosos sugeriram que é "mais prudente falar do Islã como um mosaico em vez de um monólito" (JACKSON, 2014, p. 15).

Existem diferentes Igrejas ou seitas cristãs (de batistas a unitaristas, católicos romanos a ortodoxos gregos e russos), existindo em diferentes culturas (norte-americana, Oriente Médio, europeia, asiática e africana). O resultado é uma diversidade de crenças e práticas dentro do que chamamos de cristianismo. O mesmo ocorre no Islã, muito embora os muçulmanos afirmem que existe um Islã divinamente revelado e obrigatório, há muitas interpretações do Islã. Existem dois ramos principais, sunitas (85% dos muçulmanos do mundo) e xiitas (13%). [...]Além disso, o Islã tem uma rica tradição mística que inclui muitas ordens ou irmandades sufis (ESPOSITO, 2011, p.3).

Assim sendo, a apresentação genérica e não aprofundada sobre a religião islâmica é o propósito deste livro.

1.2 O Islã e a criação do universo

Para os muçulmanos, Allah criou o universo com uma única palavra: "Seja!" Nesse momento, uma massa foi criada e partida em milhares de pedaços, formando tudo o que há no universo. A força empregada para partir essa massa inicial continua a se expandir e a se espalhar em todas as direções. "Não veem, acaso, os incrédulos, que os céus e a terra eram uma só massa, que desagregamos e que criamos todos os seres vivos da água. Não creem ainda?" (Corão, 21:30). EMERICK (2007, p. 77) afirma que "os cientistas chamariam essa descrição de incrivelmente próxima ao conceito moderno de *Big Bang*" e continua:

Após essa grande explosão de matéria, o Corão menciona que os céus foram preenchidos com uma espécie de fumaça, o que, para árabes do século VII, é assim que os gases interestelares teriam parecido para eles. A formação de planetas e estrelas logo se seguiu, e o fato de eles terem órbitas regulares é declarado no Corão (81: 15-19), também: "Juro pelos planetas, que se mostram e se escondem, e pela noite, quando escurece, e pela aurora, quando afasta a escuridão, que esta é a palavra de um honorável Mensageiro."

1.3 Muhammad, o profeta do Islã

Muhammad viveu de 570 a 632 da era comum. Nasceu em Meca, atual Arábia Saudita, a mais importante cidade da região, situada numa das principais rotas comerciais da época. Ao lado do sucesso comercial, como entreposto, Meca possuía importância ímpar, em razão de ser a cidade onde, segundo a tradição, o profeta Abraão havia erigido a "Casa de Allah", conhecida como *Kaaba*, uma estrutura em forma cúbica, onde está a "Pedra Negra", um meteorito que os muçulmanos creem ter sido colocado por Abraão e seu filho, Ismael, em um dos cantos dela.

A *Kaaba* é considerada a primeira casa de adoração do Deus Único, que teria sido construída por Adão à semelhança da "Casa Celestial de Allah", onde estaria o trono divino que é circundado pelos arcanjos. Esse ritual celestial de circundação **é reencenado durante a peregrinação** (*hajj*), quando os peregrinos circundam a *Kaaba* sete vezes. Os muçulmanos creem que a primeira construção da *Kaaba* foi destruída pela negligência dos humanos e pelo dilúvio e, de acordo com o Corão, Abraão e Ismael a reconstruíram (Corão, 2: 127).

Em que pese a *Kaaba* ter sido construída para ser um local de adoração ao Deus Único, ao longo do tempo, passou-se a cultuar outras divindades no mesmo espaço. A tradição dá conta de que 360 diferentes divindades eram cultuadas, sendo que todas eram representadas por estátuas ou objetos no interior da *Kaaba*. O comércio religioso era uma das maiores fontes de renda de Meca, que oferecia hospedagem e alimentação aos peregrinos, bem como providenciava os animais que seriam usados em sacrifício, entre outras coisas que eram comercializadas, típicas de cidades que vivem do turismo religioso. Esse período, anterior ao Islã, é conhecido como *al-Jahiliyya* (era da ignorância), por causa do politeísmo, das rixas tribais, do infanticídio feminino (pois filhos eram preferidos a filhas), entre outras práticas degradantes (AKHATAR, 2014, p. 54).

A tribo que dominava Meca era a dos coraixitas, que gozava de grande prestígio. Entre os coraixitas havia vários clãs, que eram divididos em atividades, sendo que o clã considerado superior era o dos Banu Hashim, por serem responsáveis em fornecer alimento e água aos peregrinos que se dirigiam à *Kaaba*.

Muhammad era do clã dos Banu Hashim. Seu pai, Abdullah, morreu antes de seu nascimento e sua mãe, Aminah, morreu logo depois. Seu avô, que fora nomeado seu tutor, morreu quando Muhammad ainda era menino. Ficou, então, sob a tutela de um tio, Abu Talib, figura poderosa na política de Meca.

Em sua infância e adolescência, Muhammad acompanhou o tio Abu Talib em diversas viagens comerciais, principalmente à Síria. Ao longo do tempo, adquiriu excelente reputação como comerciante honesto, o que lhe valeu os apelidos de *as-Sadiq* (justo) e *al-Amin* (sincero). Por causa de sua fama, foi requisitado em várias contendas comerciais como árbitro. Aos 20 anos de idade, passou a trabalhar para uma rica e importante comerciante de Meca, Khadijah. A boa reputação de Muhammad fez com que Khadijah, cinco anos depois de tê-lo contratado, pedisse Muhammad em casamento, algo inusitado, mas que foi aceito por ele, mesmo sendo cerca de dez anos mais jovem que ela (ALKHATEEB, 2014, p. 15).

Muhammad era um *hanif* (monoteísta), ou seja, não fazia parte daqueles que adoravam os ídolos na *Kaaba*, mas somente Allah. Ele havia adotado a prática de orar sozinho numa caverna no Monte Hira, nos arredores de Meca, durante a temporada de peregrinação. Foi nessa caverna que Muhammad, segundo a tradição, encontrou pela primeira vez o anjo Gabriel (*Jibril*), no ano 610d.C. Nesse encontro, o anjo Gabriel disse a Muhammad que ele, Muhammad, era um profeta de Allah. E o anjo Gabriel ordenou-lhe que lesse as palavras que lhe apresentava; Muhammad, no entanto, disse que não poderia, pois não sabia ler (DENNY, 2016, p. 88). O anjo Gabriel deu a mesma ordem três vezes, sendo que, na última, o abraçou, apertando-o contra seu peito, recitando as palavras que Muhammad repetiu. Esses são os cinco primeiros versículos da *Sura* (capítulo) 96 do Corão e os primeiros versículos que foram revelados: "Lê, em nome do teu Senhor que criou, que criou o homem de algo que se agarra. Lê que o teu Senhor é o mais generoso, que ensinou a escrever com o cálamo, ensinou ao homem o que este não sabia." Assim, começou a revelação do Corão, que continuou a ser revelado, segundo os muçulmanos, por vinte e dois anos (ROOJI & ARJUNA, 2015, p. 979).

Assim que Muhammad foi solto pelo anjo Gabriel, voltou para sua casa e contou o que acontecera à sua esposa, Khadijah, afirmando que achava que havia sido atacado por gênios ou que havia enlouquecido. Khadijah o consolou, dizendo que ela confiava no que havia ouvido e que acreditava que ele seria um profeta de Allah.

Khadijah procurou seu primo, Warakah Ibn Nawfal, versado no Velho e Novo Testamento (havia traduzido o Novo Testamento para o árabe), e contou-lhe o que havia acontecido com Muhammad. Após ouvir a história, Warakah afirmou que Muhammad havia sido visitado realmente pelo anjo Gabriel e que ele seria um dos profetas de Allah, pedindo para que Khadijah dissesse a Muhammad para ser corajoso, pois passaria por muitas dificuldades (DENY, 2016, p. 92).

Alguns dias depois, Warakah Ibn Nawfal encontrou Muhammad pessoalmente e lhe disse:

"Juro por Aquele em quem está a vida de Waraqah, Allah escolheu você para ser o profeta deste povo. Eles o chamarão de mentiroso, eles vão persegui-lo, eles vão bani-lo e eles vão lutar contra você. Oh, se eu pudesse viver até esses dias. Eu lutaria contra eles" (AD-DIMASHQI, 2019, p. 191).

Apoiado por Khadijah, Waraqah Ibn Nawfal e outras pessoas mais próximas, especialmente seu primo Ali, que era adolescente e foi o primeiro homem a se converter ao Islã, Muhammad iniciou sua jornada profética, convidando as pessoas ao Islã e à adoração a Allah, o Único.

1.4 O Islã como um movimento social

Os primeiros versos do Corão denunciavam os males sociais que prevaleciam em Meca. Com o aumento da prosperidade das rotas comerciais, distintas classes sociais se desenvolveram. [...] Uma pessoa pobre, por sua vez, continuava marginalizada duplamente se não pertencesse a um clã poderoso. Allah, no Corão, declarou tal desprezo pelos pobres como prejudicial ao estabelecimento de uma ordem social justa e digna de punição na outra vida. Levaria anos até que as regras relativas à sociedade fossem estabelecidas, mas desde o início, estava claro que Muhammad tinha vindo não apenas para mudar as crenças religiosas das pessoas, mas também a própria sociedade (ALKHATEEB, 2014, p. 15).

Rapidamente, o Islã começou a conquistar os habitantes de Meca, o que não pôde ser ignorado. Os princípios basilares da nova religião, monoteísmo, justiça, igualdade social e submissão apenas a Allah, se tornaram ideias ameaçadoras para os coraixitas. Aos olhos de muitos membros importantes da sociedade, a solução era se livrar desse novo movimento religioso e social e de seu articulador, Muhammad. Embora muitos dos primeiros seguidores tenham sido perseguidos por suas crenças, Muhammad foi protegido devido à sua posição privilegiada na hierarquia da tribo. Mesmo assim, vários atentados contra sua vida foram feitos.

Muhammad, apesar de órfão, estava sob a proteção do tio, Abu Talib, que era figura importante da sociedade mequense e um dos líderes do clã dos Banu Hashim. As regras consuetudinárias árabes exigiam que Abu Talib protegesse o sobrinho. Se Muhammad fosse atacado e morto, o clã dos Banu Hashim teria permissão para se vingar dos assassinos, o que poderia levar a uma guerra entre os clãs. No entanto, a proteção devida a Muhammad não se estendia aos seus seguidores, que passaram a ser perseguidos e privados de seus direitos. Infelizmente, Muhammad não se via em condições de protegê-los (ALKHATEEB, 2014, p. 17).

Em face dessas perseguições, Muhammad enviou um grupo de muçulmanos ao reino cristão da Abissínia, para se encontrar com seu dirigente, o Negus, e lhe pedir proteção. Mas emissários coraixitas foram atrás deles e exigiram que o Negus os entregasse, para que fossem levados de volta a Meca. O Negus perguntou sobre a crença dos muçulmanos e um deles, Jafar, recitou versos do Corão que citavam Jesus e Maria, o que o convenceu a dar-lhes proteção, negando-se a entregá-los aos coraixitas.

O fato de os coraixitas não conseguirem controlar a nova religião poderia trazer problemas, pois se os peregrinos, que visitavam Meca anualmente, vissem que o Islã se espalhava, poderia enfraquecer a autoridade da tribo coraixita. Por outro lado, temiam que os peregrinos aceitassem a mensagem da nova religião e a levassem aos seus conterrâneos, difundindo o Islã e impedindo ainda mais seu controle (ALKHATEEB, 2014, p. 18).

Os coraixitas não desistiram de seu intento de exterminar a nova religião. Resolveram tomar uma medida extrema: no ano 617, decretaram boicote total ao clã dos Banu Hashim. Ninguém poderia fazer transações comerciais nem casar-se com alguém desse clã. Era proibido, inclusive, vender-lhe alimentos e gêneros de primeira necessidade. O bloqueio trouxe fome, isolamento social e problemas econômicos para os muçulmanos, e até mesmo para os não muçulmanos, que eram do clã Banu Hashim, como Abu Talib. No final, o boicote foi ineficaz em seu objetivo de levar Muhammad a interromper a pregação e foi encerrado após pouco mais de um ano (ALKHATEEB, 2014, p. 18).

Esse boicote, contudo, teve efeitos desastrosos para Muhammad. A privação de comida e abrigo, juntamente com maus tratos físicos e psicológicos, afetaram os muçulmanos. Khadijah, esposa de Muhammad, adoece e rapidamente morre no ano 619. Isso o afeta profundamente, pois ela havia sido seu maior apoio em todo esse difícil período; mas esse fato não foi o único que o desestabilizou. Alguns meses depois da morte de Khadijah, o tio de Muhammad, Abu Talib, também adoece e morre. Sua morte trouxe sérias implicações aos muçulmanos, pois aquele que defendia Muhammad não estava mais entre eles. Esse ano, em que Muhammad perdeu Khadijah e Abu Talib, passou a ser conhecido como o "Ano do Sofrimento".

Em Yathrib, cidade a cerca de 430 km de distância de Meca e que possuía uma grande comunidade judaica (RADLEY, 2018, p.22), a fama de Muhammad, como homem correto, honesto e sábio, com grande habilidade diplomática, era grande. Assim,

> Em 620, uma delegação de Yathrib veio a Meca para oferecer a Muhammad uma oportunidade única. As disputas tribais de Yathrib ameaçavam a estabilidade da cidade e, tendo ouvido falar da sabedoria e da diplomacia de Muhammad, os clãs em conflito decidiram pedir a Muhammad que viesse a Yathrib e julgasse entre eles (GULEVICH, 2004, p. 61).

Como consequência das perdas sofridas por Muhammad e dos contínuos problemas e perseguições em Meca, ele resolveu migrar, levando consigo aqueles que quisessem acompanhá-lo. Mas essa migração não foi fácil. Os coraixitas, preocupados com os próximos movimentos de Muhammad, resolveram matá-lo. Isso seria feito durante a noite anterior à migração. Felizmente, os planos do assassinato foram descobertos e Ali, primo de Muhammad, arquitetou um plano, junto com Abu Bakr, importante comerciante de Meca e amigo de Muhammad: Ali ficaria no lugar de Muhammad, na cama, enquanto Muhammad e Abu Bakr sairiam escondidos de Meca. À noite, os assassinos invadiram a casa de Muhammad para matá-lo, mas perceberam que, no lugar dele, estava Ali. Como não tinham nada contra o rapaz, não o atacaram.

Muhammad e os demais muçulmanos chegaram em Yathrib e foram recebidos com festa. Yathrib é rebatizada de Medina, "a cidade", em homenagem à "cidade do Profeta". Aqueles que migraram de Meca, junto com Muhammad, ficaram conhecidos como *muhajirun* (migrantes). Essa migração (*Hijra*) é celebrada anualmente e marca o primeiro dia do calendário muçulmano. Os habitantes de Medina foram chamados de *al-Ansar* (os socorredores) pelos migrantes, por terem oferecido abrigo e comida aos que chegaram. Houve conversão em massa de medinenses ao Islã, que já havia se iniciado antes mesmo da migração. Os problemas entre os clãs em Medina foram resolvidos pela promulgação da "Constituição de Medina", documento redigido sob orientação de Muhammad, em que foram especificados os direitos e deveres de todos os cidadãos e a relação das diferentes comunidades em Medina (incluindo a da comunidade muçulmana com outras comunidades, como as de judeus e cristãos). Esse documento é visto como importante contrato, tanto por historiadores quanto por estudiosos da religião (MUNT, 2014, p. 51). A partir da Constituição de Medina, o conceito de *Ummah* (comunidade) passa a ser empregado, no sentido de que não há diferenças entre os muçulmanos e de que todos formam uma só nação.

Observando as mudanças de comportamento dos habitantes de Medina sob a influência de Muhammad, os coraixitas suspeitaram que ele pudesse estar planejando atacá-los. Em 624, os coraixitas atacaram preventivamente Medina. Essa luta ficou famosa e conhecida como "Batalha de Badr", quando Muhammad e seus seguidores, embora em menor número, derrotaram os coraixitas. Várias outras batalhas se seguiram, incluindo uma em que Meca venceu, mas em razão da fadiga extrema em que os coraixitas se encontravam, acabaram batendo em retirada.

Em 627, 10.000 guerreiros de Meca tentaram novamente quebrar o poder de Muhammad.

Muhammad conseguiu reunir apenas 3.000 combatentes, mas mandou construir uma trincheira ao redor da cidade, frustrando os planos dos habitantes de Meca. Batalhas e tréguas quebradas marcaram os anos seguintes, pois os inimigos de Muhammad ainda tinham a intenção de detê-lo. Finalmente, em 630, Muhammad liderou um grupo de soldados para Meca, onde encontraram pouca resistência. Um importante chefe tribal jurou lealdade a Muhammad. Logo muitos outros habitantes de Meca o seguiram. Muhammad e Ali limparam a *Kaaba* de seus ídolos, dedicando-a, finalmente, a Allah. Então Muhammad voltou a Medina, considerando-a o centro da política e da espiritualidade islâmica (RADLEY, 2018, p.22-23).

Em 632, décimo ano após a migração para Medina, Muhammad finalmente realizou sua primeira peregrinação, o *hajj*, obrigação de todo muçulmano que tenha condições físicas e financeiras para fazê-lo e ensinou a seus seguidores os rituais do *hajj*. Depois de ter completado a peregrinação, Muhammad fez o que é conhecido como "o sermão da despedida", seu último sermão público à comunidade de Meca, no Monte Arafat. Quando retornou para Medina, adoeceu. O último profeta de Allah morreu em 8 de junho de 632 em Medina, na casa de sua esposa Aisha. Ele uniu mais de 100 tribos diferentes em uma única nação, aumentando o senso de lealdade e responsabilidade para com a nação de indivíduos, famílias e tribos. Está enterrado onde morreu e muitos peregrinos continuam a fazer visitas rituais ao túmulo, que fica no interior da "Mesquita do Profeta", em Medina (RADLEY, 2018, p. 25).

1.5 Islã: uma religião universal[2]

Para os muçulmanos, o Islã não é apenas mais uma religião, mas um código de vida, não só para eles, mas para anjos (*malaikah*) e gênios (*jinn*) também. Como código de vida,

---

2. Para a Ciência da Religião há duas formas de se entender a religião: étnica ou universal. As religiões étnicas são o hinduísmo e o judaísmo, cuja adesão à religião é dada pela descendência; já as religiões universais, tais como o cristianismo e o Islã, são abertas à conversão.

o Islã fornece orientação divina em todas as atividades da vida, sejam elas individuais ou coletivas, privadas ou públicas, morais ou políticas, sociais ou econômicas, legais e constitucionais. O Islã aborda claramente uma das questões mais centrais e desafiadoras da história humana: "Qual é o propósito da vida?" Allah declara no Corão: "E eu não criei os gênios e os humanos, senão para me adorarem" (51:56).

Para os muçulmanos, o propósito da vida é adorar a Allah, o Criador de todas as coisas. A adoração, no Islã, é um conceito abrangente que incentiva as pessoas a ter consciência, diariamente, da existência de Allah, dando-lhes forças para levá-las a viver uma vida equilibrada e virtuosa. Esse modo de vida confere um forte caráter moral, promove boas relações com as pessoas e sociedades justas e harmoniosas. Para os muçulmanos, dedicar-se a uma vida de submissão a Allah é a chave para alcançar um verdadeiro senso de paz, pois produz um equilíbrio entre as necessidades espirituais e os assuntos mundanos. Confere, outrossim, um significado especial ao conceito de viver a vida de forma responsável, ciente da prestação de contas que virá no além.

A crença no Dia do Juízo é extremamente importante no Islã. Esse evento sinalizará a transição entre a vida temporária deste mundo para a vida eterna no além. Nesse dia, as pessoas serão ressuscitadas e responsabilizadas por seus atos na vida, o que determinará seu destino eterno no paraíso ou no inferno. Muitos versículos do Corão descrevem os eventos no Dia do Juízo com grandes detalhes e dão, ainda, uma descrição do paraíso e do inferno.

2 A ADORAÇÃO NO ISLÃ

Os atos de adoração para os muçulmanos são aqueles pelos quais se busca agradar a Allah. Pode ser um ato de adoração formal, que só é feito para e por Allah, como as orações prescritas, o jejum, os donativos aos necessitados ou a peregrinação. Pode ser também um ato mundano e legal, como envolver-se em negócios, agricultura, manufatura, estudo ou trabalho, se tal atividade for realizada com sinceridade, honra, da melhor maneira e com a esperança de agradar a Allah.

Como exemplo, é proibido ao muçulmano o consumo de qualquer substância inebriante (álcool e drogas), o consumo de carne de porco (considerado um animal impuro, como o é para os judeus). No entanto, ninguém irá fiscalizar se o muçulmano está ou não consumindo álcool ou carne de porco. Essa é uma questão entre o crente e Allah. Do mesmo modo, grande parte dos atos de adoração não são públicos.

2.1 Os pilares do Islã:

Umar Ibn al-Khattab relatou que num dia em que ele e outras pessoas estavam sentados em companhia do Mensageiro de Allah, o Altíssimo, aproximou-se deles um homem com roupa de resplandecente brancura, e tinha cabelos intensamente pretos. [...] Sentou-se em frente ao Profeta, apoiando os joelhos contra os do Profeta; e, pondo as mãos sobre as coxas dele, disse: "Ó, Muhammad, fala-me acerca do Islã!" O Mensageiro de Allah lhe respondeu: "O Islã consiste em que prestes testemunho de que não há outra divindade além de Allah, e de que Muhammad é o Seu Mensageiro; que observes a oração e que pagues o *zakat*; que jejues no mês de Ramadan, e que realizes a peregrinação à *Kaaba*, se tens meios para isso." O homem disse: "Disseste a verdade."

[...] O homem voltou a perguntar: "Fala-me sobre a fé!" E o Profeta lhe respondeu: "Que creias em Allah, em Seus anjos, em Seus Livros, em Seus mensageiros e no Dia do Juízo. E que creias no destino, tanto no bom como no mau." E o homem disse: "Falaste a verdade! Fala-me agora sobre o *ihsan*" (o devido cumprimento das obrigações). O Mensageiro de Deus respondeu: "Que adores a Deus como se O visses, pois se não O vês, Ele te vê." [...]

Fiquei pensativo por um bom tempo. O Profeta me perguntou: "Ó, Umar, sabes quem era aquele que me perguntava?" Eu disse: "Allah e o Seu Mensageiro têm melhor conhecimento!" Disse o Profeta: "Era o Arcanjo Gabriel, que veio ensinar-vos a essência da vossa religião" (AN-NAWAWI, 2001, p. 47).

Esse *hadith*[3], registrado pelo Imam an-Nawawi, traz os cinco pilares (*arkan*) do Islã, bem como os pilares da fé.

A virtude não consiste só em que orienteis vossos rostos para o levante ou o poente. A verdadeira virtude é a de quem crê em Allah, no dia do Juízo Final, nos Anjos, no Livro e nos Profetas; de quem distribui seus bens em caridade por amor a Allah, entre parentes, órfãos, necessitados, viajantes sem recursos, mendigos e em resgate de cativos. Aqueles que observam a oração, pagam o *zakat*, cumprem os compromissos contraídos, são pacientes na miséria e na adversidade ou durante os combates, esses são os verazes e esses são os tementes (Corão, 2: 177).

2.1.1 Testemunho de fé (*ash-Shahada*)

O primeiro dos cinco pilares é consciente e voluntariamente testemunhar e declarar, com convicção, que "Não há nada digno de adoração exceto Allah" e testemunhar que "Muhammad é o mensageiro de Allah" (*Ashadu'anla'ilaha'illa-Llahu, wa--'ashadu'anna Muhammad anRasulu-Llah*).

A primeira parte dessa declaração, *"la'ilaha'illa--Llahu"* (Não há nada digno de adoração, exceto Allah), atesta não apenas a Unidade e a Unicidade de Allah. Significa, ao mesmo tempo, a unicidade do senhorio, a soberania e a autoridade no universo e neste mundo.

---

3. O conceito de *hadith* será explorado ao longo deste capítulo.

Quando afirmamos que não há nada digno de adoração exceto Allah, está-se, na verdade, afirmando que como não há outro Criador e Sustentador do universo, este mundo e tudo o que está nele, também não pode haver outro Governante, Legislador e Autoridade Suprema para a humanidade. Allah, o Senhor de toda a criação, cria o que Lhe agrada, dando a cada uma de Suas criações a natureza, função e papel que Ele deseja para elas; nisso Ele não presta contas a ninguém. Todas as coisas estão sob Seu controle absoluto. O propósito para o qual Ele criou os seres humanos é reconhecer, adorar e obedecer a Ele somente e, ao mesmo tempo, administrar os negócios deste mundo e administrá-lo com justiça e retidão de acordo com Suas leis oniscientes, inscritas em Seu Livro Sagrado, o Corão (HANEEF, 1995, p. 3).

O único meio possível pelo qual os seres humanos podem ter acesso a uma compreensão inquestionável e correta de tais assuntos é se a fonte de tudo, atuante e sustentadora, o próprio Allah, transmite esse conhecimento por meio do que ele considere adequado. E esse é precisamente o significado da segunda parte da declaração de fé do Islã, "*Muhammad anRasūlu-Llāh*", Muhammad é o mensageiro de Allah. Assim, o conhecimento veio por meio da mensagem recebida por Muhammad (HANEEF, 1995, p. 4).

Para HANEEF (1995, p. 4), desde o início da verdadeira consciência humana, afirma o Islã, o Criador não apenas implantou nos seres humanos a consciência de sua existência, o conhecimento inato de que existe um ser transcendente que os criou e que criou também o mundo em que vive, com todas as suas coisas. Ele também lhes forneceu respostas a questões vitais, que ocuparam suas mentes desde o seu surgimento como seres pensantes, questionadores e solucionadores de problemas, transmitindo sua orientação à humanidade por meio de vários indivíduos que ele escolheu como portadores de sua mensagem para diferentes grupos de pessoas. A autora afirma que essa mensagem é a mesma que foi transmitida ao longo da história: "que existe um ser singular e único, Senhor e governante de toda a criação; que esse ser fez leis para governar a conduta dos seres humanos; e que cada indivíduo é responsável perante esse ser pelo modo como vive sua vida" (HANEEF, 1995, p. 4).

2.1.2 A oração *(as-Salat)*

A prece é considerada um dom de Deus para os homens, e foi entregue ao Profeta do Islã para sua comunidade no momento de sua ascensão (*al-mi'raj*), durante a qual ele foi transportado até a presença divina (é o comentário dessa viagem espiritual que, como sabemos, inspirou a Divina Comédia de Dante) (VITRAY-MEYEROVITCH, p. 287).

O segundo ato de adoração que o Islã prescreve é a realização das orações (*salat*) dentro de certos períodos de tempo estabelecidos, cinco vezes ao dia.

Deve-se salientar, primeiramente, que as orações islâmicas são um pouco diferentes da oração cristã, embora a súplica pessoal e a glorificação de Allah (conhecida como *du'a*) também sejam uma parte importante da adoração do muçulmano, além da oração prescrita. Basicamente, *salat* consiste em recitações do Corão e glorificação de Allah, acompanhadas por várias posturas corporais. Os cinco momentos da oração correspondem aos cinco períodos do dia: amanhecer, meio-dia, tarde, encerramento do dia e noite, correspondendo à organização do tempo do ser humano em torno de suas atividades.

Por meio das posturas corporais da oração prescrita, que consistem em ficar em pé, curvar-se, prostrar-se e sentar-se, repetidas em um determinado número de vezes em cada oração, o muçulmano expressa submissão, humildade e adoração a Allah. Na verdade, a autodisciplina necessária para realizar a *salat* regularmente, e nos horários adequados, reafirma a total dependência do ser humano de seu Criador e de sua posição como seu servo. *Salat* é verdadeiramente a expressão completa da submissão voluntária do ser humano a Allah (HANEEF, 1995, p. 53).

2.1.3 A contribuição *(az-Zakat)*:

> Deve-se pagar a *zakat*. Não é nem uma esmola, nem uma "caridade", nem um imposto. É a entrega

feita voluntariamente, porém obrigatória, aos pobres da comunidade de uma parte do que foi adquirido e que é supérfluo em relação às necessidades imediatas; a usura e a acumulação de bens são proibidas. [...] Além da *zakat*, o Corão fala da esmola propriamente dita, *sadaqa*, que não é uma instituição social obrigatória, todavia sendo expressamente recomendada, visto que trata de um ato de beneficência e de justiça (VITRAY-MEYEROVITCH, p. 151-152).

O Islã ordena que cada pessoa sã ganhe a vida honestamente para si mesma, para sua família e gaste também com os pobres e necessitados, bem como com aqueles que são incapazes de trabalhar. Assim, Allah ordena que certa porção dos ganhos líquidos seja distribuída. Essa porção é conhecida no Islã como *zakat*, que significa literalmente incremento, crescimento ou purificação. Foi definida de várias maneiras, desde uma contribuição para o bem-estar até um meio pelo qual a riqueza é purificada. Também é descrita como caridade obrigatória. Estabeleceu-se que os muçulmanos devem doar 2,5% de seus lucros anuais para a caridade, a fim de que pobres, necessitados e oprimidos sejam, de algum modo, assistidos. A caridade é uma das fontes vitais de bem-estar social no Islã, incentivando uma sociedade justa, onde se procura atender as necessidades básicas de todos.

Para os xiitas[4], além da *zakat*, que não é limitada a 2,5%, os fiéis pagam um imposto religioso (*khums*), de 20% sobre sua renda a um líder religioso. Isso é usado para apoiar os pobres e necessitados (ESPOSITO, 2011, p. 21).

2.1.4 O jejum *(as-Sawn):*

O muçulmano deverá jejuar anualmente, no período do mês do *Ramadan*[5], do nascer do sol até seu ocaso, momentos antes da oração do crepúsculo.

> O jejum [...] é obrigatório para todos os crentes que já tenham chegado à puberdade, a menos que haja impedimentos maiores: doenças, viagens, mulheres grávidas ou que estejam amamentando, trabalhadores que estejam realizando tarefas árduas, pessoas anciãs. [...] Do alvorecer até a noite, todos os alimentos, todas as bebidas e todas as relações sexuais são proibidas (VITRAY-MEYEROVITCH, p. 153).

O jejum do mês do Ramadan, crê-se, foi prescrito para treinar os muçulmanos na autodisciplina e na obediência escrupulosa aos mandamentos de Allah. Não está relacionado à penitência pelos pecados ou considerado um meio de apaziguar a "ira de Allah". O jejum envolve a abstinência total de alimentos, bebidas e relações sexuais durante o dia. O objetivo do jejum é conscientizar as pessoas, despertan-

---

4. O conceito de xiita e de xiismo será abordado mais adiante.
5. Nono mês do calendário muçulmano, que é lunar, não solar, como o gregoriano.

do-lhes o sentimento de amor e fraternidade por meio da abstinência, de forma que se saiba o que é ter fome e sede. "O jejum, para os muçulmanos, instila lições morais e espirituais, qualidades que se espera permanecerem com eles após o período de jejum" (HANEEF, 1995, p. 58).

Algumas pessoas estão isentas de jejuar. Essa isenção confirma o fato de que o Islã não deseja sofrimento ou dificuldade para quem quer que seja. Os isentos incluem doentes (em qualquer condição), menores de idade e idosos, mulheres no período menstrual, grávidas, aqueles que fazem uma longa viagem. Qualquer um desses, cuja incapacidade tenha terminado depois do período de jejum, deve retornar ao jejum, correspondente ao número de dias omitidos durante o período de jejum. Outra alternativa é alimentar pessoas pobres, de acordo com o número de dias não jejuados (ADETONA, 2002, p. 56).

2.1.5 A peregrinação *(al-Hajj)*

Todos os muçulmanos e muçulmanas que tiverem condições financeiras e físicas deverão, pelo menos uma vez na vida, fazer a peregrinação a Meca.

A peregrinação constitui uma forma de culto com a totalidade do ser do muçulmano: com seu corpo, mente e alma, com seu tempo, posses e o sacrifício temporário de todos os confortos comuns, conveniências e símbolos de *status* e de individualidade que normalmente desfruta, para assumir, por alguns dias, a condição de um peregrino totalmente a serviço e à disposição de Allah.

Hajj ocorre durante os primeiros dias do mês lunar de *Dhul-Hijjah*, com seu clímax no nono dia desse mês. Os ritos do *hajj* centram-se na submissão completa e na devoção a Allah. Ao mesmo tempo, relembra-se o exemplo de total submissão e obediência do profeta Abraão, especialmente em sua disposição de sacrificar o que ele mais amava no mundo – seu filho Ismael – às ordens de Allah[6] (Corão 37: 99-113).

À medida que os peregrinos se aproximam de Meca, entram num estado de consagração conhecido como *Ihram*, que significa o despojamento temporário de todas as marcas de *status* e de individualidade, para assumir a humilde vestimenta e condição de um peregrino totalmente dedicado a Allah. A pessoa assume o *Ihram* ao expressar sua intenção de entrar naquele estado, fazendo abluçao (limpeza ritual do corpo) ou tomando banho, e colocando a roupa de peregrino, que também é chamada de *Ihram*. A vestimenta dos peregrinos é uma veste exclusiva do *hajj*, consistindo de duas peças de tecido branco, não costurado, que cobrem as partes inferior e superior do corpo. Embora nenhuma vestimenta específica seja prescrita para mulheres, elas também entram no *Ihram*, usando qualquer veste que esconda a forma e as cubra completamente, deixando apenas seus rostos e mãos expostos (HANEEF, 1995, p. 62).

Os peregrinos com a roupagem *Ihram* devem se abster de relações sexuais, brigas e obscenidades em geral. Estão

---

6. No Islã, o filho que Deus ordenou que Abraão sacrificasse foi Ismael e não Isaac, como o é no judaísmo e no cristianismo, pois é Ismael o primogênito.

proibidos de maltratar qualquer ser vivo (com exceção de insetos perigosos, cobras etc.) no território de Meca que, desde o tempo do profeta Abraão, foi designado como um santuário para todas as criaturas. Podem, no entanto, fazer as atividades legais, como comer e beber, dormir, tomar banho, fazer transações comerciais etc.

A primeira obrigação do peregrino quando chega a Meca, depois de encontrar sua acomodação e cuidar de suas necessidades físicas, é visitar (*umra*) a *Kaaba* e realizar certos atos prescritos de adoração, seguindo o exemplo do profeta Muhammad (HANEEF, 1995, p. 63).

2.1.6. JIHAD

Para os xiitas, uma das minorias islâmicas, existe um sexto pilar, que é a *jihad*, que no ocidente adquiriu o sentido exclusivo de "guerra santa".

A ética islâmica da guerra, como tudo no Islã, está inserida no Corão. Nele, o termo *jihad* aparece 35 vezes, com significados variados e até ambíguos na maioria deles, pois, em certos casos, a palavra pode ser traduzida literalmente como adversidade ou esforço, não "guerra santa". Ao se referir à guerra, com engajamento militar, a palavra árabe utilizada é *al-qital*. Na tradição islâmica, o termo "jihad" abarca as seguintes práticas (JACKSON, 2014, p. 136):

- Combater o mal dentro de si mesmo, considerada a "jihad maior" (*al-jihad al-akbar*).

- Preocupação de falar apenas a verdade e a divulgar a mensagem do Islã.
- Fazer somente o que é correto, sendo contrário às injustiças e ao errôneo com ação, embora não necessariamente de forma agressiva.
- Por meio da espada, que se refere, especificamente ao termo *al-qital* – guerra, cujo sentido é o mais utilizado, seja pelo ocidente, seja por segmentos de muçulmanos, pelos muçulmanos salafistas e outras ramificações. É considerada a "jihad menor" (*al-jihad al-asghar*).

A palavra *jihad* usada no Corão, no contexto da *jihad* menor, ou seja, para o combate, é observada em 4 casos. Quanto às demais referências, *jihad* tem um sentido de esforço ou empenho em 11 delas, enquanto outras 20 são ambíguas. Assim, não se pode negar que exista no Corão versículos que levem a um entendimento conflituoso, de embate ou guerra, o que não significa que todos os muçulmanos são obrigados a se envolver em algum conflito armado ou a usar de força física para alcançar determinado fim (JACKSON, 2014, p. 136). Da mesma forma, há outros textos religiosos que não são pacíficos, como consta no Antigo Testamento, por exemplo, no 1º. Livro de Samuel 15:3: "Vai, pois, agora e fere a Amalec; e destrói totalmente a tudo o que tiver, e não o perdoes; matarás desde o homem até a mulher, desde os meninos até os de peito, desde os bois até as ovelhas, e desde os camelos até os jumentos." Ou esse trecho do Novo Testamento, registrando as palavras de Jesus: "Não penseis que vim trazer paz à terra; não vim trazer paz, mas espada" (Mateus, 10:34).

2.2 Os pilares da fé islâmica

Além dos pilares do Islã, há também os pilares da fé islâmica, que são seis:

2.2.1 Crença em Allah *(at-Tawhid)*

Acreditar que não há qualquer divindade que mereça adoração além de Allah, que somente ele é digno de adoração. O conhecimento de Allah e a crença absoluta nele constituem a base do Islã.

A 112ª sura do Corão resume a compreensão do que é *at-Tawhid* (unicidade): "Diga: Ele é Allah, o Único! Allah, o Absoluto! Jamais gerou ou foi gerado! E ninguém é comparável a ele!"

Michael Sells (2007, p.37) aponta quatro entendimentos sobre a unicidade de Allah:

> Em primeiro lugar, é claro, significa que Allah não possui parceiros ou iguais. Em segundo lugar, no sentido moral, foi interpretado como não tendo outros objetivos, metas ou pensamentos além de uma realidade ou divindade única. Em outras palavras, qualquer outro objeto que se torne um fim em si mesmo é uma forma de falsa divindade. Terceiro, no sentido teológico, pode se referir à unidade inte-

rior da divindade, que em Allah todos os atributos – como ver, ouvir, conhecer e querer – são em certo sentido um; [...] Em quarto e último lugar, em muitas teologias místicas, a unidade envolve conhecer e ver nada além de uma divindade, ou chegar a um ponto onde a própria existência de uma pessoa realmente passa para o alcance infinito daquele Deus único que é tudo o que realmente é.

2.2.2 Crença nos anjos *(al-mala'ika)*

Anjos (*al-mala'ika*, plural; singular, *al-malak*), significa, em árabe, mensageiro (Corão, 35:1). Os anjos são uma criação de Allah, assim como humanos e gênios (*jinn*). Pela tradição islâmica, os seres humanos são feitos de barro e os gênios do fogo mais puro, enquanto os anjos foram criados a partir da luz. Seres humanos, gênios e anjos, para o Islã, são seres mortais. Visto que os anjos são uma criação de Allah, os seres humanos não devem adorá-los, pois esses não compartilham da divindade de Allah.

Anjos são assexuados, livres de pecado, desejo, fome e sede. Estão continuamente presentes na Terra, veem os seres humanos e estão em contato constante com eles. Sempre nos observam e muitos dos anjos estão eternamente ocupados registrando todos os nossos pensamentos, palavras e ações. Não possuem livre-arbítrio e obedecem às ordens de Allah. Estão sempre louvando e glorificando a Allah: "Glorificam-no noite e dia e não se cansam" (Corão, 21:20). Os anjos, que continuamente louvam e glorificam a Allah, receberam as qualidades e poderes necessários para desempenhar funções específicas.

2.2.3 Crença nos profetas (*an-Nabi*) e mensageiros (*ar-Rasul*) de Allah

A tradição islâmica diz que houve 124.000 profetas (*an-Nabi*); desses, 313 são mensageiros (*ar-Rasul*), como, por exemplo, Adão, Noé, Moisés, Abraão, Jesus e Muhammad.

Um mensageiro é aquele que traz uma revelação do livro celestial. Allah enviou um número limitado de mensageiros à humanidade para revelar sua palavra, para alertar as pessoas de seus caminhos pecaminosos e do julgamento que enfrentarão, se não voltarem a adorar apenas Allah. Para os muçulmanos, os mensageiros são aqueles que trazem um Livro Sagrado para orientação das pessoas (AKHATAR, 2014, 16).

Uma vez que todos os profetas foram enviados por Allah, todos transmitiram a mesma mensagem:

> Esclarecer o verdadeiro conceito de Allah e rejeitar as falsas crenças; ensinar o verdadeiro propósito da vida; demonstrar como Allah deve ser adorado; transmitir a definição de Allah de conduta justa e pecaminosa e aconselhar as pessoas de acordo; descrever as recompensas pela obediência e avisar sobre a punição pela desobediência (AKHATAR, 2014, 19).

Além disso, eles deveriam explicar aos seres humanos sobre "questões comumente mal compreendidas, como alma, anjos e espíritos, a vida após a morte e o destino" (AKHATAR, 2014, 19).

Para resumir, tem-se que o principal motivo do envio dos profetas e mensageiros para a humanidade foi o de esclarecer que Allah é o Criador de tudo e de todos, que ele não tem parceiros ou iguais e que toda a adoração deve ser dirigida exclusivamente a ele.

2.2.4 Crença nos livros *(al-kitab)* revelados:

Um muçulmano deverá crer em todas as escrituras e revelações de Allah, uma vez que eram completas em suas versões originais; por exemplo, Davi recebeu os Salmos, Moisés a Torá e Jesus, o Evangelho. No entanto, segundo a tradição islâmica, as escrituras anteriores não existem hoje na forma original em que foram reveladas, sendo que o Corão veio para restaurar o que foi perdido.

Tem-se que o Corão é incomparável em seu registro e preservação. O fato surpreendente sobre essa escritura é que ela permaneceu completamente inalterada nos últimos quatorze séculos, um fato que é atestado tanto por estudiosos não muçulmanos quanto por muçulmanos (ZAMAN & ZAMAN, 2012, p. 30).

2.2.5 Crer no decreto divino *(al-qadar)*:

Tudo o que acontece, de bom ou de ruim, na vida de todas as criaturas, provém, única e exclusivamente de Allah.

A crença no conhecimento e no poder supremos de Allah para planejar e executar seus planos é fundamental ao muçulmano. Para ele, Allah é sábio, justo, misericordioso e amoroso, e tudo o que ele faz deve ter um bom motivo, embora, normalmente, escape ao homem a compreensão dos atos de Allah. Assim, deve-se reconhecer "que o conhecimento humano é limitado e seu pensamento é baseado em considerações individuais. Em contraste, o conhecimento de Allah é ilimitado e ele planeja em considerações universais" (ZAMAN & ZAMAN, 2012, p. 31).

> Ele possui as chaves do desconhecido, coisa que ninguém, além dele, possui. Ele sabe o que há na terra e no mar; e não cai uma folha sem que ele disso tenha ciência; não há um só grão no seio da Terra ou nada verde ou seco, que não esteja registrado no Livro esclarecedor (Corão, 6:59).

Os humanos devem pensar, planejar e fazer escolhas acertadas e depois colocar sua confiança em Allah. Se as coisas acontecem como eles querem, devem louvar a Allah. Se as coisas não acontecem como desejam, ainda assim devem louvar a Allah, reconhecendo que ele conhece melhor o que é bom para os negócios da humanidade.

2.2.6 Crença no juízo final (al-Din) e na vida após a morte (al-Qiyamah):

Todos serão julgados e após seu julgamento irão para o paraíso (*Jannah*) ou para o inferno (*Jahannan*).

O dia do julgamento final é um dos principais temas do

Corão. Nesse dia haverá destruição do mundo e de todas as criaturas, inclusive anjos e gênios, a ressurreição do corpo e o julgamento, com recompensa (paraíso) e punição (inferno).

Os sinais do último dia são preditos em muitas tradições proféticas. Incluem o aparecimento do "grande enganador", *al-Dajjal*, o anticristo, que espalhará a corrupção e o mal na terra, o retorno do *Mahdi* (figura messiânica muçulmana, que se crê que será um grande líder, que unificará todos os muçulmanos sob sua bandeira e fará muitas campanhas bem-sucedidas contra os inimigos do Islã) e a segunda vinda de Jesus (ESPOSITO, 2011, 28).

O Islã considera Jesus um profeta de Allah, concebido e nascido de forma miraculosa. Os muçulmanos aceitam o nascimento de Jesus da Virgem Maria, mas consideram a falta de um pai na criação de Jesus como estando no mesmo nível que se verificou na falta de pais na criação de Adão. Os muçulmanos não consideram o nascimento de Jesus um sinal de divindade ou de que Jesus era filho de Allah. O Corão traz: "O exemplo de Jesus, ante Allah, é idêntico ao de Adão, que ele criou do pó; então lhe disse: 'Seja', e foi" (3: 59).

Os muçulmanos não creem que Jesus tenha sido crucificado, pois para eles Allah fez parecer que tenha sido, levando-o de corpo e alma para o paraíso:

> Matamos o Messias, Jesus, filho de Maria, o Mensageiro de Allah, embora não sendo na realidade certo que o mataram, nem o crucificaram, mas o confundiram com outro. E aqueles que discordam quanto a

isso estão na dúvida, porque não possuem conhecimento algum, mas apenas conjecturas para seguir; porém, o fato é que não o mataram. Outrossim, Allah fê-lo ascender até ele, porque é poderoso, poderosíssimo (Corão, 4: 157-158).

Para os muçulmanos, Allah levou Jesus ao paraíso e o está mantendo lá até que ele retorne à Terra para derrotar o anticristo (*Al-Dajjal*). A segunda vinda de Jesus está definitivamente estabelecida nas tradições islâmicas: Jesus matará *al-Dajjal*, o anticristo, estabelecerá a justiça e reinará sobre o mundo por quarenta anos como um governante reto e justo.

Os muçulmanos rejeitam categoricamente qualquer noção de pecado original e dizem que todos nascemos puros, o que contradiz a ideia do cristianismo, segundo o qual Jesus foi crucificado e morto para livrar a humanidade do pecado original, cometido por Adão e Eva. Sim, Adão e Eva pecaram, diz o Corão, mas Allah os perdoou quando pediram sua misericórdia. Nenhum pecado foi passado para seus descendentes (Corão, 20: 123). Assim, para os muçulmanos, é a fé e as boas ações que determinam a salvação. O Corão declara que Allah pode perdoar qualquer pecado que ele queira, sempre que ele quiser e da forma que ele desejar.

Na escatologia islâmica, no Dia do Julgamento, todos os mortos serão ressuscitados, corpo e alma e, de acordo com a tradição, "o profeta Muhammad será o primeiro a se levantar de sua tumba" (ESPOSITO, 2011, 28).

Os muçulmanos estão divididos sobre a vinda do *Mahdi*. Alguns creem que ele aparecerá para trazer justiça e verdade a todos antes do dia da Ressurreição. Outros acreditam que a segunda vinda de Jesus cumprirá esse papel, citando os comentaristas do Corão que acreditam que o versículo 43:61 se refere à ressurreição de Jesus: "E (Jesus) será um sinal (do advento) da Hora. Não duvideis, pois, dela, e segui-me, porque esta é a senda reta".

Há tradições que descrevem o anticristo, *al-Dajjal*. Enquanto a Bíblia o descreve como um homem bonito que irá cortejar as pessoas com sua magia e charme, Muhammad disse que ele será cego de um olho e terá uma marca na testa. Terá cabelos castanhos e encaracolados e viajará pela terra espalhando perversidade e aflição. Segundo a escatologia islâmica, *al-Dajjal* afirmará ser um novo profeta de Allah. Será rico e terá poderes incríveis para curar as pessoas. *Shaytan* enviará alguns de seus gênios malévolos para se fazerem passar por pessoas que já morreram, a fim de que *al-Dajjal* possa reivindicar a possibilidade de trazer pessoas à vida. Mais tarde, fará a afirmação de que ele é o próprio deus. A maioria das pessoas no mundo, incluindo alguns muçulmanos equivocados, irá segui-lo e acreditar nele. Acumulará, portanto, muito poder militar, que usará para perseguir e destruir todos os vestígios da verdadeira expressão religiosa (AL HAJJAJ, 2007, p. 275-277).

3 AS FONTES ISLÂMICAS (O CORÃO E A SUNNA) E SEUS DIFERENTES APLICADORES

A religião islâmica tem como fontes principais e dogmáticas o Corão e a *Sunna* (Tradição). Ambas são também a fonte da lei (*Shari'a*) e de sua jurisprudência (*Fiqh*). *Fiqh* estuda as características e procedimentos metodológicos da *Shari'a* que permitem deduzir uma norma a partir das fontes. Nesse processo de dedução se examina, sob diversos prismas, o significado literal, simbólico e alegórico dos termos e conceitos utilizados no Corão e na *Sunna*.

Shari'a é o *corpus* da literatura jurídica que usa o Corão e a *Sunna*, bem como o exemplo do profeta, ao lado da opinião de seus seguidores imediatos (*sahaba*), para fornecer uma solução sobre qualquer questão com que a comunidade muçulmana venha a se deparar.

3.1 O Corão

O Corão é chamado de "orientação para a humanidade" (Corão, 2: 185). Acredita-se que seja a palavra de Allah trazida à humanidade pelo anjo Gabriel. É compilado em 114 capítulos (*suras*), que contêm um total de 6.236 versos (*ayat*).

Em árabe *al-Qur'an* quer dizer, literalmente, a recitação. É uma compilação que reúne textos escritos em língua árabe, formado pelas revelações que Muhammad teve. A maior parte dos versículos corânicos foi revelada a Muhammad na cidade de Meca e os restantes em Medina, para onde os muçulmanos se mudaram. A revelação mequense se centra, fundamentalmente, em questões éticas e espirituais: fé, crença, adoração, as disputas com os infiéis[7] e o convite para se converter ao Islã. A medinense faz referência à regulação da sociedade e da família, com temas relacionados à economia, política, herança, contratos, casamento etc.

As fontes estão de acordo quando dizem que todas as vezes que um fragmento do Corão era revelado, o Profeta chamava um dos seus companheiros letrados, e lhe ditava, com precisão, o lugar exato do novo fragmento no conjunto já recebido. Em seguida, Muhammad pedia para que o escriba lesse o que havia sido ditado, para que pudesse corrigir qualquer erro (HAMIDULLAH, 2010, p. 8).

Nos primeiros séculos do Islã, os muçulmanos transmitiram o Corão de forma oral e escrita, sendo que a forma oral foi o principal meio de transmissão. Acredita-se que o arcanjo Gabriel (*Jibril*) ditava o texto corânico a

---

7. Deve-se entender que o infiel, para os muçulmanos, se refere aos politeístas e aos que impedem os muçulmanos de exercer sua religiosidade. Não se refere, no entanto, aos judeus e aos cristãos, que recebem o qualificativo de povos do Livro (*Ahlal-Kitab*).

Muhammad, que o retransmitia, ao mesmo tempo ou logo depois, aos seus companheiros, que se apressavam em anotá-lo.

> Quando o Profeta recebia uma revelação [...] ele chamava seus companheiros, que a escreviam em pedaços de couro, omoplatas de camelo e outros objetos então empregados como material de escritório – casca de palmeira – e, talvez, papel importado da China (VERNET, 2004, P. 111).

O Corão pode ser definido como a fonte da qual todas as determinações, princípios, orientações e informações sobre o Islã são extraídos: "Eis o Livro que é indubitavelmente a orientação dos tementes a Allah" (Corão, 2: 2). Nesse versículo, o tradutor, professor Samir el-Hayek[8] (2004, p. 4), usa a palavra "tementes" para se referir à palavra árabe *taqwa*, cujo significado denota uma qualidade absolutamente essencial à personalidade do muçulmano. Allah, para os muçulmanos, conhece os pensamentos e sentimentos de toda a Criação, estando tão próximo de nós quanto a nossa própria veia jugular (Corão, 50: 16) e escuta nossos chamados, orações e rogos (Corão, 2: 186). Assim, *taqwa* significa consciência ou percepção de Allah, sabendo que ele nos observa o tempo todo e quanto mais *taqwa* a pessoa tiver, mais perto de Allah estará.

---

8. Neste livro, as citações do Corão são retiradas da tradução feita pelo prof. Samir el-Hayek.

> *Taqwa* se refere à consciência constante de que alguém está sempre diante de Allah e que Ele sabe tudo a respeito dele, até mesmo seus pensamentos mais secretos. Essa atitude produz em alguém um amor tão intenso por Allah que ele deseja fazer apenas o que Lhe agrada; teme tanto a Deus que tenta evitar fazer qualquer coisa de que Ele não goste; e uma consciência tão aguda de Allah que ele nunca, por um único momento, imagina estar inconsciente do que faz ou que não será responsabilizado por todas as suas intenções e ações (HANEEF, 1995, p. 75).

Os muçulmanos enfatizam a importância de memorizar o Corão palavra por palavra, como um todo ou em parte. Aquele que memoriza o Corão é chamado de *"al-hafiz al-Qur'an"* (o guardião do Corão) e é considerado um protetor do livro sagrado, pois mesmo que a escrita deixe de existir, continuará na mente daqueles que o decoraram. Os muçulmanos afirmam que o Corão, em que pese ter sido trazido pelo anjo Gabriel, que o recitava a Muhammad, é a fala de Allah e não um livro escrito por Muhammad.

A ordem dos capítulos (*sura*) do Corão não é um produto da sua revelação, mas de uma convenção. Foram organizados aproximadamente de acordo com o número de versículos de cada um deles. Progridem dos mais longos para os mais curtos. A primeira *sura*, *Al-Fatiha* (A abertura) é uma exceção, pois ocupa uma posição fulcral no Islã e no dia a dia de todo muçulmano, que a repete pelo menos 17 vezes, durante as cinco orações obrigatórias.

Os nomes dos capítulos (*sura*) do Corão foram atribuídos por alguma palavra que se destaca em seu texto ou pelo assunto principal de que trata. Por exemplo, o 19º capítulo se chama "Mariam" (Maria), porque ressalta o papel dela como mãe de Jesus, ou o 25°, que se chama "O discernimento", pois é a palavra que está no seu primeiro versículo. Geralmente, os muçulmanos não se referem aos capítulos pelo número, mas pelas palavras que o iniciam. "Essa prática obviamente requer o conhecimento do texto de memória, uma conquista que sempre foi altamente respeitada no Islã e que continua, mesmo nesta época de dependência de textos escritos e perda geral da memória oral" (DENY, 2016, p. 207).

3.2 A *Sunna*

A literatura do *hadith* fornece evidências da vida do Profeta, de modo que a palavra *Sunna* é, aos olhos de muitos, sinônimo da palavra *hadith*. A relação entre o Corão e os *ahadith* é bem definida: os *ahadith* enfatizam o que está no Corão (*sunna mu'akkida*), explica a maneira como algo deve ser realizado (*sunna mubayyina*) ou introduz o ensino baseado em certos versículos ou princípios do Corão (*sunna muthbita*). A última categoria, em particular, se tornaria uma fonte primária de material para os teólogos (HALEEM, 2008, p. 22).

O Corão une os muçulmanos doutrinária e devocionalmente por meio de seu conteúdo e pela sua recitação cadenciada, ao passo que a *Sunna* os une nos detalhes de comportamento e atitudes diárias, incluindo a correção das práticas rituais.

Para os muçulmanos, as palavras pessoais do profeta Muhammad, aquilo que ele fez, demonstrou, chancelou, autorizou e proibiu possuem alto valor, mas em um plano inferior ao do Corão. Tem-nas como inspiradas e suas compilações constituem o que se chama de *ahadith* (forma plural, do singular *Hadith*), que servirá de base para a *Sunna*.

> *Sunna* – dito, costume; o estabelecido, o padronizado, precedente baseado no ordenamento jurídico, práticas e ações – o exemplo concreto do Profeta Muhammad –, transmitido e registrado no *hadith*. O *hadith*, o *corpus* dessas tradições, é considerado o modelo oficial para os seguidores, e suplementar ao Corão; dessa forma, a *Sunna* é o caminho correto, modo de vida; a via da fé e da conduta é expresso no *hadith* e seguido pela comunidade islâmica (SWARTLEY, 2005, p. 529).

A *Sunna* é transmitida aos muçulmanos pelos *Ahadith*: literalmente, narrativas. São compilações feitas para registrar as palavras e os atos de Muhammad. O conjunto de *ahadith* foi recolhido junto aos companheiros do profeta, chamados de *sahaba* (para ser um *sahaba* há duas condições: ter conhecido Muhammad pessoalmente e ter morrido muçulmano)[9]. Dessa forma os *ahadith* estão diretamente ligados à *Sunna*.

Um *hadith* é composto de duas partes: o *isnad* (cadeia de relatores) e o *matn* (texto). Um texto pode parecer lógico e razoável, mas precisa de um *isnad* autêntico com relatores confiáveis para ser aceitável. Podemos citar, como exemplo, o *hadith* registrado pelo Imam Abu Dawud (2008, p. 236): "Isso foi narrado por Hajibbin Al-Mufaddal bin Al-Muhallab, de seu pai, que disse: 'Eu ouvi An-Nu'man bin Bashir dizer: 'O Mensageiro de Allah disse: seja justo entre seus filhos'". Nesse caso, pode-se observar claramente as duas partes do *hadith*: na primeira, o *isnad*, cadeia de transmissão, são citadas as pessoas que transmitiram a informação (*sanad*). A segunda parte do *hadith*, *matn*, traz o que Muhammad falou sobre presentear os filhos.

A *sunna* foi preservada e comunicada por meio dos *ahadith* que, para serem estudados, foram sendo desenvolvidos métodos de crivo e de avaliação, eliminando os que não tivessem autenticidade comprovada. Esse processo durou mais de duzentos anos depois da morte de Muhammad e, ao ser concluído, deu aos muçulmanos uma fonte para todos os aspectos da vida: religioso, civil, social, legal, individual e comunitário.

Muhammad não incentivou o registro do *hadith*, pois

---

9. Após a morte de Muhammad, alguns de seus companheiros abandonaram o Islã e voltaram às suas religiões anteriores; estes não são considerados *sahaba*.

ele preferia que os muçulmanos se preocupassem com a preservação do Corão, que era sistematicamente submetido à sua conferência, para evitar que alguma anotação feita do versículo revelado estivesse incorreta. Durante o período em que recebeu a revelação, segundo a tradição, os muçulmanos anotavam os versículos ditados por Muhammad em qualquer objeto em que pudessem escrever, como já citado, constituindo "o único livro divino registrado no mesmo instante da revelação" (NASR, 1996).

Jamais foi estabelecido um cânone absoluto e rígido das compilações feitas pelos *sahaba*.

> O Corão é uma escritura, na visão muçulmana, literalmente divina, tendo sido ditado ao Profeta por um anjo. Um texto escrito e autorizado foi estabelecido em uma data anterior [...] e não há discussão sobre a exatidão ou autenticidade do cânon. A *sunna*, por outro lado, embora divinamente inspirada, era humana e, portanto, sujeita a erros e até fraudes. [...] A memória humana é sempre falível, e as amargas lutas religiosas, sociais e políticas do início do período islâmico encorajaram a distorção ou mesmo a fabricação de tradições, destinadas a apoiar um argumento, uma facção ou uma causa (LEWIS, 2001, p. 96).

Os *ahadith* dão um relato da vida de Muhammad que, por sua vez, servem como comentários do Corão. Por exemplo, no Corão foi estabelecida a obrigatoriedade da oração, mas não se explicou como ela deve ser feita, nem os procedimentos para sua execução; foi Muhammad que demonstrou como a oração deveria ser feita. Da mesma forma, no Corão temos a obrigatoriedade da peregrinação a Meca, mas somente os *ahadith* explicam como deverá ser feita. "Muhammad foi obviamente considerado o melhor intérprete da mensagem e, além de suas explicações das passagens do Corão, todas as suas palavras e atos gradualmente passaram a ser considerados exemplares e dignos de imitação" (DENY, 2016, p. 235).

> Por quase 1.400 anos, os muçulmanos tentaram acordar de manhã como o Profeta acordava, comer como ele comia, lavar-se como ele se lavava e até cortar as unhas como ele fazia. Não houve maior força para a unificação dos povos muçulmanos do que a presença deste modelo comum para os menores atos da vida diária. Um muçulmano chinês, embora racialmente chinês, tem uma fisionomia, um comportamento, uma maneira de andar e agir que se assemelha em certos aspectos aos de um muçulmano na costa do Atlântico. Isso porque ambos copiaram durante séculos o mesmo modelo. [...] É este fator unificador essencial, uma *Sunna* comum ou modo de vida como modelo, que faz um bazar no Marrocos ter um "sentimento" ou ambiente de um bazar na Pérsia, embora as pessoas nos dois lugares falem uma língua diferente e se vistam de forma diferente. [...] E essa

uniformidade é provocada em primeiro lugar pela presença do Corão e, em segundo lugar, e de forma mais imediata e tangível, por meio da "presença" do Profeta em sua comunidade em virtude do *Ḥadith* e da *Sunna* (NASR, 1972., pp. 82-83).

A identificação dos muçulmanos com seu Profeta por meio da prática da *Sunna* é vista por eles como salvífica, ou melhor, de sucesso nesta vida e na outra, após a morte. Assim, os muçulmanos se esforçam em aprender sobre Muhammad e se dedicam a imitar sua *Sunna*, pois, creem que, ao fazerem isso, uma parte do paraíso é trazida ao mundo físico.

A maioria dos *ahadith* refere-se ao período de Medina, quando o Profeta tinha milhares de seguidores que lhe faziam perguntas e recebiam instruções dele em todos os aspectos da nova religião. O *hadith* mostra o Profeta como um comunicador e professor habilidoso. Em Medina, ele esteve com seus companheiros quase todas as horas do dia e grande parte da noite; sua casa dava para a mesquita, e alguns *ahadith* mostram que, mesmo quando em casa, ele às vezes ouvia discussões acaloradas ocorrendo na mesquita e saía para resolver a disputa. Essa interação constante levou à criação do imenso corpo de *hadith*, que ele estimulou seus seguidores a transmitirem a outros: "Deus abençoe aquele que me ouviu dizer algo e o preservou [em sua memória], assim ele pode transmitir isso a outros, pois quanto mais a pessoa transmite conhecimento a outras, mais conhecimento ela adquire para si mesma" (HALEEM, 2008, p. 23).

O profeta Muhammad, visto como o símbolo do "homem perfeito" (*al-Insan al-Kamil*) e modelo para toda a humanidade, deveria ser o tipo ideal de crente, patamar que seria possível alcançar, especialmente pela ligação direta com Allah e pela experiência individual com ele. Nesse diapasão, Giovanni Filormano (2005, p. 154-155) destaca que, desde os primórdios do Islã, houve uma procura dos muçulmanos pelo ascetismo e pelo pietismo.

3.3 A lei islâmica

No desenvolvimento da lei islâmica, como se pôde observar, os *ahadith* formaram o *ethos* do qual se pôde extrair o modelo exarado de comportamento exemplar, a *Sunna* do profeta do Islã, que se tornou a base para o nome do maior grupo de muçulmanos, os sunitas, na medida em que se tentou emular o comportamento de Muhammad. A ciência por trás da análise dos *ahadith* buscava a autenticidade deles, no intuito de comprovar o caráter dos transmissores como guia para sua autoridade. Os teólogos do outro grupo, os xiitas, consideravam a existência de profetas a prova inequívoca da misericórdia de Allah (as diferenças entre sunitas e xiitas serão discutidas mais adiante). A misericórdia, um dos atributos de Allah, não seria negada à criação, portanto, em razão da imperfeição e da fraqueza da natureza humana; seria impossível superar a ignorância e o sofrimento sem a ajuda dos profetas, considerados os melhores seres da humanidade

Como aponta ERNEST (2003, 83), para os muçulmanos, qualquer conhecimento, qualquer "ciência" islâmica, bem como a iniciativa e as maneiras de praticá-la, deve ser derivada do Corão e dos *ahadith*. O corpo de regras formulado a partir de ambos é denominado *Shari'a*, lei. *Fiqh*, jurisprudência, e *Kalam*, teologia, não são, portanto, fontes originais de conhecimento, mas formas de obter conhecimento oriundo das fontes originais. *Fiqh* e *Kalam* surgem somente depois da morte de Muhammad. Isso, para ERNEST (2003, 84), se refere à ausência física do ser humano que, quando vivo, foi aceito como absolutamente confiável em questões de conhecimento sobre a existência humana em sua relação com o divino. Em outras palavras, significa a ausência de um conselheiro em assuntos divinos, cuja proximidade com a fonte do conhecimento divino era incomparável.

Shari'a se refere à lei estabelecida por Allah como orientação para a regulamentação da vida no interesse dos humanos. Abrange mais do que as obrigações de um muçulmano. Seu objetivo é mostrar às pessoas o "melhor" caminho e fornecer-lhes o modo de vida mais "bem-sucedido" e mais "benéfico". A violação desta lei tem consequências de vários tipos, incluindo ações classificadas como pecados, bem como crimes legais e pena capital. Portanto, o escopo da *Shari'a* é muito mais amplo do que normalmente se pensa, pois abrange questões religiosas, sociais, políticas, domésticas, privadas e morais para aqueles que aceitam o Islã e para aqueles que vivem sob a jurisdição do Islã. Para os muçulmanos, portanto, é o conhecimento dos direitos e deveres devidos a Allah, aos semelhantes e ao resto da criação e uma luz para atravessar esta vida terrena enquanto se preparam para a outra vida (MOGRA, 2020, 214-215).

3.4 Diferenças de entendimento: sunitas e xiitas

Como se viu, os sunitas são aqueles que seguem a *Sunna*. Além dos sunitas, outro grande grupo de muçulmanos, cerca de 14% destes, seguem outra vertente, conhecida como xiismo, cujos seguidores são conhecidos como xiitas[10], ou seja, aqueles que são partidários (*Shi'at*) de Ali, primo e genro do profeta Muhammad, primeiro homem a aceitar o Islã e considerado pelos xiitas como o legítimo sucessor de Muhammad.

Para entendermos como isso se deu, temos que recorrer à história. Muhammad, antes de morrer, não declarou quem seria o seu sucessor, causando um grande problema na comunidade depois de sua morte, pois o Islã precisava

---

10. No senso comum ocidental, o nome xiita acabou se tornando sinônimo de radical, o que não corresponde aos fatos. O xiismo só veio a ser visto como algo radical depois da Revolução Iraniana, quando o Ayatullah Khomeini assume a direção do Irã e há a "Crise dos Reféns", quando a Embaixada dos Estados Unidos é invadida e os americanos que lá estavam são feitos reféns.

de um líder, um sucessor (Califa). Havia pessoas que queriam Abu Bakr[11], sogro do Profeta, como sucessor; outras, no entanto, davam preferência a Ali[12], que tinha uma grande influência na comunidade, dada sua humildade e caráter, atributos que eram muito apreciados pela comunidade.

Com o apoio de Aisha (filha de Abu Bakr e a mais influente esposa de Muhammad) e de várias outras pessoas, especialmente as mais influentes, Abu Bakr acabou sendo apontado como sucessor (*Khalifa*) do profeta. Não podemos deixar de observar que Aisha tinha problemas de relacionamento com Ali; por isso ela tentou evitar que ele assumisse o califado, após a morte de Muhammad. Esse desentendimento se iniciou em razão de Ali ter recomendado a Muhammad que se divorciasse de Aisha, logo depois dos rumores de que esta havia sido infiel a Muhammad.

Certa vez, um escândalo cercou Aisha, que foi deixada para trás, por engano, durante uma parada de descanso de uma caravana em uma expedição com o Profeta. Ela voltou para Medina, escoltada por um jovem que a encontrou sozinha. Em meio às fofocas e especulações sobre a fidelidade de Aisha, um dos companheiros do Profeta, Ali, aconselhou Muhammad a se divorciar dela. Isso a fez sentir um

---

11. Abu Bakr As-Sidiq era pai de Aisha, a última das doze esposas do profeta, que teve uma influência crucial durante a vida de Muhammad e muito mais após sua morte. Alguns chamam Aisha de "Mãe dos Crentes", tal sua importância.

12. Ali foi o primeiro homem a se converter ao Islã e a segunda pessoa a fazê-lo. Ele era primo direto do profeta Muhammad e veio a desposar uma de suas filhas, Fátima, tornando-se seu genro.

profundo ressentimento contra Ali, que se manifestou em sua oposição posterior a ele como sucessor de Muhammad (MARTIN, 2016, p. 30).

Abu Bakr permaneceu como califa por apenas 2 anos. Antes de morrer, por doença, já havia escolhido Umar ibn al-Khatab[13] como seu sucessor, preterindo Ali, que, no entanto, já havia declarado seu apoio à escolha de Umar como califa.

Umar ibn al-Khatab, assim como Abu Bakr, foi sogro de Muhammad. Seu califado durou 10 anos. Ele foi assassinado. À morte deste, sucedeu-lhe Uthmam ibn Affan, que foi califa por 12 anos e também foi assassinado. Finalmente, após a morte de Uthmam, Ali ibn Abu Talib foi escolhido[14], tornando-se o quarto califa.

Após o assassinato de Ali, sucedeu-lhe, à força e pela guerra, Abu Sufian e Mu'awiya (pai e filho, respectivamente), do clã Omíada. À morte destes, sucedeu-lhes um dos filhos de Mu'awiya, Yazid, que mandou matar os filhos de Ali[15] e prendeu todos os seus demais familiares que estavam vivos. Nessa época se instaurou o princípio dinástico hereditário, contrário ao ideal de governança islâmica. Os problemas advindos à preterição de Ali na sucessão de Muhammad, seu assassinato e de seus filhos, bem como a

---
13. Umar foi apontado *Khalifa* por Abu Bakr, antes de este falecer.
14. Ali foi califa por apenas 5 anos. Ele foi assassinado por um grupo de descontentes com seu governo, conhecidos como *Khajiritas*. Esse crime gerou um grande problema entre a comunidade que repercute até hoje.
15. O mais famoso dos filhos de Ali foi Hussein, cuja morte, sob tortura, é lembrada até hoje pelos muçulmanos xiitas, ocasião em que alguns deles praticam a autoflagelação e a mortificação, cerimônia conhecida como *Ashura*.

prisão de seus familiares, convenceram os seguidores de Ali de que as forças da injustiça eram inevitavelmente opostas aos verdadeiros detentores da autoridade espiritual.

Os xiitas têm a firme convicção de que Muhammad, antes de sua morte, havia legado a Ali sua autoridade e conhecimento espiritual diretamente, designando-o, assim, seu legítimo sucessor. E Muhammad teria declarado Ali seu sucessor num lugar chamado Ghadir Khumm.e esse fato é recordado e celebrado como evento de grande importância (ERNEST, 2003, 168).

Apesar de o califa conservar o poder político e ser, por conseguinte, o líder religioso, essa liderança começou a ser dividida entre os doutores da lei e os teólogos. O direito islâmico, composto pela lei (*Shari'a*) e pela jurisprudência (*fiqh*), foi instituído ao se estabelecer as escolas jurisprudenciais (*madhhab*): *Malikiyya, Hanbaliyya, Hanifiyya, Sha'afiyya*, todas do Islã sunita.

Por outro lado, no Islã xiita, a escola de jurisprudência *Jafariyya* foi desenvolvida, na qual a figura do *Imam* se tornou essencial.

> Central para a visão do xiismo é a noção do Imam como o líder carismático dotado de sabedoria e autoridade supremas. Conforme observado anteriormente, é uma suposição fundamental no xiismo que Allah não negará a graça da orientação divina à humanidade. Embora os xiitas aceitem a finalidade da missão profética de Muhammad, o fato contínuo da

orientação é uma necessidade lógica e existencial. Os muçulmanos xiitas procuram os primeiros Imames em busca de orientação e ajuda, e seus ditos formam um corpo suplementar de *ahadith* que têm autoridade escriturística, perdendo apenas para os *ahadith* do Profeta. As orações, escritos e discursos de Ali, coletados no século X sob o título "O Método da Eloquência", são um recurso particularmente importante. Embora houvesse grandes debates doutrinários sobre o *status* exato dos Imames, eles cumpriram claramente o papel muito necessário de intérpretes contínuos da vontade de Allah (ERNEST, 2003, 171).

Os xiitas se dizem seguidores da "família do Profeta" (*ahlal-bayt*), em alusão a Muhammad, à sua filha, Fátima, a seu primo, Ali (esposo de Fátima) e a seus netos Hasan e Husayn, sendo que os Imames são considerados, juntamente com a "família do Profeta", como intercessores junto a Allah, ocupando, portanto, papel crucial no modo de vida religioso dos xiitas.

3.5 Sufismo: o misticismo islâmico

O sufismo é parte importante da geografia islâmica e em todos os países em que há muçulmanos também há seguidores do sufismo, grupos e Ordens Sufis (*Turuq*). É visto como caminho espiritual e místico do Islã, que aspira levar seus seguidores em direção ao verdadeiro conhecimento divino (*Haqiqa*).

Inicia-se como um movimento reformista em resposta ao materialismo e riqueza da sociedade muçulmana, que acompanharam a expansão e o crescente poder do Império Islâmico.

O sufismo, como é ensinado, se origina das orientações do profeta Muhammad. Todas as Ordens Sufis fazem remontar sua "cadeia de transmissão" (*silsilah*) a ele, seja por meio de seu primo e genro Ali Ibn Abu Talib ou de seu sogro Abu Bakr as-Sidiq. Podemos concluir que, sob o aspecto do que é propagado pelos *Shuyukh*, o ensinamento esotérico foi dado àqueles que possuíam a capacidade de conter a experiência direta (gnose) com Allah, cujas técnicas para a alcançar foram passadas de mestre (*Shaykh*) a discípulo (*Murid*), sendo o profeta Muhammad o primeiro dos mestres. Os praticantes do sufismo consideram os *sahaba*, os primeiros companheiros de Muhammad, como os primeiros discípulos, tendo estes sido iniciados diretamente por ele.

O Sufismo tem raízes nos primeiros séculos do Islã. Durante a vida do profeta Muhammad, a comunidade se beneficiou não apenas de sua liderança política e religiosa, mas também de seu exemplo pessoal. O profeta viveu sua vida inteiramente motivado pelo desejo de cumprir a vontade de Deus (SONN, 2011, p. 96).

Pode-se dizer que, nos primeiros séculos de desenvolvimento do Islã, o sufismo foi um estado de devoção, muitas vezes ascética, que refletia a vida e ensinamentos de indivíduos altamente respeitados pela comunidade. Essa tradição devocional, nascida da necessidade de ligação direta com Allah, veio a se cristalizar, alguns séculos depois, em grandes organizações sociais chamadas de *Turuq* (Ordens; *Tariqa* – Ordem), que são as irmandades sufis, as quais começaram a tomar forma no século XII (KNYSH, 2000, pp. 8-10).

Não se sabe, com certeza, qual a origem etimológica do termo *sufi*, mas Al-Qushayri cita quatro prováveis palavras das quais poderia se originar: *Suf* (lã), *Safa* (pureza), *Suffah* (banco) e *Saff* (fileira). Muitos estudiosos afirmam que sufi advém da palavra árabe *Suf* (lã), tendo em vista os primeiros aderentes vestirem-se de lã, em sinal do desapego do mundo material (FAUSTINO, 2003, p. 21). Al-Qushayri, no entanto, diz que a busca pelo sentido da palavra sufi se dá pela experiência daqueles que tentam dar-lhe significado etimológico, afirmando que não há um consenso sobre sua origem e significado, elencando, em sua obra uma série de autores que definem e explicam os termos sufis e sufismo (FAUSTINO, 2003, p. 21). De modo geral, não há um significado único para o apelativo sufi, fazendo eco a todas as demais definições apontadas, sendo lã e pureza as origens mais utilizadas.

Há que lembrarmos, entretanto, que os praticantes do sufismo, ou aqueles que seguem uma Ordem Sufi não se atribuem, a si mesmos, o apelativo sufi. Preferem se autodenominar *al-faqir* (pobre) ou *darwish/dervish* (mendicante); *murid* (aluno); *salik* (viajante), sendo este um dos nomes preferidos, em razão de os seguidores de um caminho sufi se considerarem viajantes do mundo, de passagem, pois o que lhes interessa é a vida espiritual, vindoura, depois da morte, quando se estará eternamente na presença de Allah.

O sufismo é tão pouco monolítico como é o Islã: pluralista, complexo, diferenciado e, às vezes, contraditório. Desde seu princípio houve diferenças pessoais na maneira de ensinar dos *Shuyukh* (mestres), de modo que as ideias místicas passaram de pessoa a pessoa ou de grupos a outros, dependendo dos contextos, lugares e funções.

O misticismo islâmico se institucionalizou nas tradições normativas das *Turuq*. [...] No entanto, isso não significa que exista uma oposição à *Shari'a* por parte do Sufismo. Ao contrário, os místicos Sufis veem a lei islâmica como uma das etapas necessárias da via mística. Evidentemente, para os Sufis, a *Shari'a* pertence à dimensão exotérica do Islã, porém eles a consideram como um elemento fundamental para produzir a ordem social a partir da qual a busca mística pode se desenvolver (MALIK, 2006, p. 21).

As tensões, principalmente entre a ortodoxia e a mística, podem terminar em algum tipo de violência: física, psicológica, verbal e/ou moral. Há notícias de várias perseguições a praticantes do sufismo, como a queima e ataques a suas mesquitas, santuários, locais de reuniões e de encontro, fatos que são veiculados na imprensa internacional. Muitos desses ataques são realizados pelo movimento radical Talibã, especialmente em regiões da Índia, Afeganistão e Paquistão.

Outros ataques são perpetrados pelo movimento político-religioso ultra-ortodoxo muçulmano chamado de *As-Salafiyya* (os predecessores). Os componentes desse movimento querem imitar a "antiga pureza" de comportamento dos primeiros muçulmanos, com a intenção de extirpar qualquer alteração que eles considerem como acréscimo à religião, chamada de *bid'a* (inovação). "Com o advento do século XX, o sufismo se viu sob um crescente ataque em muitas partes do mundo muçulmano. [...] No mundo árabe, esse sentimento anti-sufi é geralmente associado à vertente *Salafiyya*" (WEISMANN, 2005, p. 39).

Os *salafin* (membros do movimento *As-Salafiyya*) são diretamente ligados à vertente reformista islâmico-saudita, conhecida como *Wahabiyya*, tendo em vista o nome de seu idealizador *Shaykh* Muhammad Ibn Abd al-Wahab[16],

cujo tratado *Ensaio sobre a Unidade Divina*, de 1740, denunciava práticas religiosas correntes, tais

---

16. A doutrina central do movimento *Wahabiyya* é uma interpretação particular do Islã Sunita conhecida como *Salafiyya*, que insta um retorno ao caminho dos "ancestrais virtuosos", isto é, à forma em que o Islã era praticado até os três primeiros séculos após a morte do profeta Muhammad. Para mais referências ver: AMANAT, A. *Empowered through violence: the reinventing of Islamic extremism.* In: Talbott, S., Chanda, N. (Eds.). *The Age of Terror: America and the World After September 11*, Yale Center for the Study of Globalization, 2001, pp. 25-52; e POUWELS, Randall Lee & ADLER, Philipp J. *World Civilizations*. California: Thomson Wadsworth, 2006. pp. 502-504.

como o culto às relíquias dos santos ou dos profetas, que segundo ele obscureciam a unicidade de Deus (*tawhid*) e geravam novas formas de idolatria (*shirk*) (PINTO, 2010, P. 133).

Abd al-Wahab combatia com muita dureza as ideias do sufismo. Sua pregação influenciou muitos outros pensadores, acabando por ser adotada como doutrina religiosa pelo reino do Arábia Saudita. Muitos autores contemporâneos usam o termo *Wahabiyya-Salafiyya* para designar o movimento inspirado por Abd al-Wahab. Os *salafin*, graças ao forte aporte financeiro da Arábia Saudita, têm exercido grande influência na política de vários países. Um dos expoentes da visão *Salafiyya* do Islã é o grupo terrorista *Al-Qaida*.

O salafismo também é um movimento muito forte no Brasil. Durante a pesquisa do autor houve, de 07 a 10 de junho de 2012, o 1º Seminário de Ciências Islâmicas, patrocinado pela Liga da Juventude Islâmica Beneficente do Brasil, cuja sede está no bairro do Pari, São Paulo. Nesse Seminário, cujos principais palestrantes eram teólogos formados na Arábia Saudita (um deles brasileiro), portanto sob influência do pensamento *Wahabiyya*, não havia menção direta ao sufismo; havia, no entanto, forte crítica a ele nos assuntos que foram tratados, como, por exemplo: a proibição do uso de amuletos, talismãs e símbolos; inexistência da bênção por meio de objetos ou plantas; proibição da visita aos túmulos; e a proibição da construção de mesquitas, mausoléus e edificações nos túmulos. Assistimos ao Seminário e percebemos a aversão que existia às práticas sufis. Em cada uma das palestras (foram oito, no total) havia cerca de duzentos ouvintes, com razoável número de brasileiros convertidos ao Islã.

De todo modo, a história do pensamento religioso registrou, em diversos momentos, conflito entre a ortodoxia e o misticismo. Podemos considerar a ortodoxia como princípio ou sistema de manutenção da uniformidade na crença e na prática, determinando o que é verdadeiro e desejável, desencorajando os desvios e aplicando sanções sociais e legais para impor essa conformidade. A ortodoxia reflete a tendência de adesão à tradição, de aceitar os resultados do que for considerado válido pela experiência, objetivando resistir à mudança. Isso é bastante forte no Islã, que considera a inovação (*bid'a*) como errônea (DOCKRAT, pp. 1-2).

Segundo os teólogos da *Sunna*, os Sufis situam-se à margem da ortodoxia. Para estes últimos, à lei religiosa (*Shari'a*) do Islã – algo exterior – corresponde um lado interior (*batin*), ou seja, doutrinas místicas que são o pré-requisito para a verdadeira compreensão da revelação divina. Em termos claros, esse lado interior muitas vezes significa o oposto do exterior, ou seja, a mística é a corrente do Islã que gera ideias não ortodoxas em grande abundância e dá espaço para elas: é certa forma de tradição de pensamento livre.

Por isso não é de admirar que os Sufis tenham sido frequentemente observados, de maneira desconfiada, pelos teólogos e, às vezes, até mesmo perseguidos (ANTES, 2003, P. 91).

Em todo o mundo islâmico o sufismo tem, por séculos, duas imagens, as quais refletem os dois extremos das muitas variedades de atividades sufis encontradas. Por um lado, o sufismo pode sugerir o acesso à mística, à experiência com Allah, ao amor ao próximo, ao desprendimento; de outro, sugere atividades, muitas vezes duvidosas de *Turuq* (Ordens) sufis e seus *Shuyukh* (mestres), que são acusadas de não observarem rigorosamente a *Shari'a*, além de serem acusadas de práticas que tenham pouco a ver com o Islã.

Tem-se, ainda, que levar em conta outro viés de pensamento, que é o dos orientalistas, que possuem uma visão romântica do sufi maltrapilho, sujo, porém, que tem um excelente comportamento, que está acima do bem e do mal, além de considerarem o sufismo como algo libertador, avesso ao Islã, que afasta o praticante da ortodoxia de forma a se libertar das amarras impostas pela religião islâmica. Isso para um praticante do sufismo soa como insulto, pois para ele o conhecimento das ciências islâmicas, mesmo que incipiente, é fundamental para ter sucesso em seu desenvolvimento espiritual.

Vale relembrar que não se pode afirmar, em nenhuma hipótese, que o sufismo seja contrário ao chamado "Islã ortodoxo", que desenvolveu seu próprio dogmatismo na evolução das principais escolas de direito (*fiqh*) e de teologia (*kalam*). Os místicos afirmam ser capazes de interpretar o Corão de forma literal, bem como os seus significados "ocultos". Assim, como outros muçulmanos, eles querem imitar a vida do profeta Muhammad, por meio de quem podem alcançar a salvação e estabelecer um contato pessoal com Allah.

Finalizando, pode-se dizer que a mística no Islã envolve contemplação e entrega à unicidade de Allah, recordando-se dele frequentemente, devotando-se a ele, afastando-se da associação de parceiros a Allah e do cometimento de pecados (TRIMINGHAM, 1959, p. 21-22). Assim, não há como falar em sufismo sem abordarmos a religião islâmica, pois tudo aquilo que se ensina, desde a adesão do membro, por meio de sua Iniciação, *bay'at*[17], depende do conhecimento do Islã. Dessa forma, não há sufismo sem Islã.

---

17. *Bay'at* quer dizer, literalmente, juramento, é uma reminiscência do juramento que os primeiros muçulmanos faziam ao profeta Muhammad. Os primeiros companheiros do profeta Muhammad, conhecidos como *sahaba*, seguravam a mão dele e faziam juramento de fidelidade. Esse costume permanece nas Ordens Sufis, em que o iniciando faz um juramento ao Iniciador, comprometendo-se com a Ordem.

4 O ISLÃ NO BRASIL

Sabe-se que as comunidades muçulmanas no Brasil só foram realmente registradas, em sua primeira fase, no século XVII, com a vinda de escravizados africanos que já eram muçulmanos em seus países de origem ou que se converteram aqui, ou na segunda fase, a partir do final do século XIX, com a vinda de árabes, especialmente depois da 1ª Guerra Mundial.

A chegada do Islã ao Brasil data do período colonial: uma parte dos escravos, denominados sob o termo genérico de malês, eram muçulmanos. Localizados principalmente na região de Salvador, na Bahia, a participação dos malês nas revoltas contra a escravidão é observada, sobretudo, na de 1835 (existe uma importante documentação sobre esse assunto nos Arquivos Públicos da Bahia). No entanto, a atual presença muçulmana no Brasil remonta, notadamente, da segunda metade do século XIX, com a imigração de sírios, libaneses e turcos portadores de documentos de identidade emitidos pela administração do Império Otomano, o que explica a denominação **turco** (WANIEZ & BRUSTLEIN, 2001, p. 157).

Em razão da importância que os escravizados africanos tiveram na vinda do Islã para o Brasil, vamos nos deter na análise do Islã na África, a fim de estabelecer parâmetros de entendimento adequado sobre a presença islâmica no Brasil.

4.1 Os muçulmanos na África Ocidental

LOPES (2008, p. 31) afirma que, no ano 640, aconteceram as primeiras investidas do general Amr Ibn al-'As nas terras do *Bilad as-Sudan* (País dos Negros), região que compreende o sul do deserto do Saara, desde a fronteira do Mar Vermelho até o Golfo da Guiné, no Atlântico, abrangendo toda a faixa saeliana (da costa leste à costa oeste, ou seja, desde as atuais Somália e Etiópia ao Senegal e Mauritânia) (DONINI, 2008, p. 47).

Os primeiros islamizadores da parte ocidental do *Bilad as-Sudan* foram mercadores berberes que, subindo estas e outras vias, converteram chefes de tribo e mercadores negros, que viam no Islã um fator de prestígio comparável ao que estava associado às importações materiais provenientes do norte: cavalos, sal, tecidos, objetos de vidro (DONINI, 2008, p. 47).

TRIMINGHAM (1966, pp. 128-129) apresenta dois períodos históricos da expansão do Islã na região do Sael africano: no curso do primeiro período, o Islã é adotado como uma religião de classe e não parece, ainda, incompatível com outras religiões africanas; no segundo período, vê-se produzir uma mudança radical, a ênfase está na singularidade e na exclusividade do Islã e sua incompatibilidade com os cultos autóctones, ainda que, na prática, subsistam numerosas possibilidades de acomodação. Vê-se, assim, que as possibilidades de amalgamento, sincretismo e adaptações são bastante fortes.

> Do contato da cultura animista e da cultura islâmica surge um sincretismo que facilita o processo de mudança religiosa. Esta mudança acontece gradualmente a partir de uma condição preparatória, na qual certos aspectos da religião e da cultura islâmicas são adotados, sem que a religião ou a vida social sejam afetadas. O ponto de ruptura é atingido quando é o Islã, e não mais a religião tradicional, que passa a governar a vida (QUÉCHON 1971, p. 212).

GOROSTEGUI (2009, p. 5) diz que a adesão dos africanos ao Islã se produziu, em princípio, só entre as pessoas mais influentes da sociedade. Com o passar do tempo, o Islã foi ganhando mais adeptos, mas sempre ao modo dos africanos e segundo a maneira de ser africana.

Essa penetração gradual era baseada em dois alicerces:
- Conhecimento do Corão, mesmo que parcial, era essencial para os recém-convertidos executarem as cinco orações diárias (um dos cinco pilares do Islã, como vimos), em que alguns versículos do Corão eram recitados; e

- Educação inseparável da instrução, na medida em que elas mantêm relações complementares: a primeira oferece a leitura, a escrita e a compreensão da mensagem e das ciências religiosas; a segunda se refere à socialização do jovem crente, baseada na formação técnica e na aprendizagem de valores morais indispensáveis para a formação de sua personalidade islâmica e sua inserção social na comunidade muçulmana (*Umma*).

Assim, a mesquita, elemento aglutinador da identidade islâmica, que criava um sentimento de pertença, era o lugar de culto e debates, que influenciavam sobremaneira o dia a dia da comunidade e servia, também, de lugar de formação. Algumas dessas mesquitas se tornaram, progressivamente, centros de altos estudos em várias áreas do conhecimento, além das ciências religiosas. As escolas (*Madrasa*) formavam eruditos e sábios, os quais eram enviados para difundir a cultura e o saber islâmicos a outros lugares da África.

Para GEERTZ, o sufismo, na África Ocidental, serviu para "definir sacrifício, possessão, exorcismo e cura como rituais muçulmanos". Assim, as crenças pré-islâmicas receberam nova roupagem, permitindo aos aderentes manterem suas crenças, colocando-as sob o imenso guarda-chuva que o Islã acabou se tornando.

Além disso, havia o princípio (inusual, é claro, em diversas ocasiões) que a escravização de um muçulmano por outro é proibida; tornar-se muçulmano, portanto, seria uma forma de evitar a própria escravização, o que culminava em uma aparente conversão, apenas como busca de uma situação confortável.

Em que pese os inúmeros combates havidos na África Ocidental e na região do Sael, especialmente os realizados visando à purificação das práticas islâmicas, isso não aconteceu, pois muitos muçulmanos continuavam a praticar a religião de seus ancestrais, adotando do Islã as práticas mais exteriores, simplificando os rituais, adaptando-os à sua religiosidade e a seu modo de ser, mesclando-as, muitas das vezes, com as práticas das religiões tradicionais (LOPES, 2008, p. 52). Essa situação vai influenciar notadamente a formação religiosa afro-brasileira.

4.2 Os escravizados muçulmanos no Brasil

Os malês, como os muçulmanos negros eram chamados no Brasil, por causa da designação iorubá (Nigéria, Benin, Togo e Serra Leoa) Ìmàle, foram descritos em vários textos históricos. Eram oriundos de diversas etnias africanas: iorubá, tapa, fulani, haussá e mandinga; era, portanto, uma população considerável entre os negros. Segundo REIS (2003, p. 177), "levas de escravos de diferentes grupos étnicos, comprometidos em maior ou menor grau com o Islã, vieram dar na Bahia", sendo que os muçulmanos eram de 15 a 20% da comunidade escrava baiana; tinham, portanto, grande peso na população.

Sabe-se que o sufismo está ligado ao Islã popular, ou seja, às práticas religiosas populares, as quais, em muitos casos, são consideradas desviadas pela ortodoxia, porém muito comuns, tais como oração e pedidos de proteção aos mortos, especialmente aos considerados "santos" (*waly*), uso de amuletos e talismãs para diversos fins: proteção contra espíritos e gênios malignos, para atrair sucesso, dinheiro, amor etc., práticas essas que foram observadas entre muçulmanos negros das primeiras comunidades brasileiras.

Esses amuletos não eram de uso exclusivo dos muçulmanos; REIS (2003, p. 183), citando Nina Rodrigues, "pôde observar que os negros baianos os usavam por considerarem os malês 'conhecedores de altos processos mágicos e feiticeiros'"; o mesmo teria sido observado no Rio de Janeiro. O autor acrescenta que "os brancos, tentando uma analogia com sua cultura, acharam que se assemelhavam a escapulários católicos e os nomearam 'breves'".

> Amuletos são parte integrante do método Sufi de cura. Eles contêm versos do Corão, escritos em formas ou materiais diversos. O *Shaykh* expira seu hálito sobre esses amuletos para passar sua *Baraka*[18] a eles. [...] Em seguida, o paciente precisa colocar esse amuleto em um determinado local ou deve usá-lo em uma determinada parte de seu corpo ou, ainda, a tinta do amuleto pode ser lavada e a água bebida (KIYMAZ, 2002, p. 13).

---

18. *Baraka* é o poder espiritual.

O *Shaykh* Abdul Rahman ibn Abdullah al-Baghdadi ad-Dimashq, que esteve em viagem ao Brasil no século XIX, fez um relato daquilo que viu da comunidade negra muçulmana, relato em que podemos observar a influência do sufismo:

> A transmissão do conhecimento religioso por meio de uma relação mestre-discípulo que relata al--Baghdadi e as descrições feitas por alguns autores dos rituais que se assemelhavam ao *Dhikr*[19] (ritual Sufi de evocação da presença divina) permitem supor a presença de uma influência do Sufismo na religiosidade dos muçulmanos malês. As práticas religiosas com fins protetores e curativos, como o uso de amuletos fabricados por alufás e beber a água usada na limpeza das tábuas de escrever onde haviam sido copiados os versículos do Corão, também eram parte integral da prática religiosa dos muçulmanos malês (PINTO, 2011, p. 7).

Sabe-se que grande parte dos escravos transladados para o Brasil era de origem humilde e, provavelmente, tiveram contato com práticas mágicas, que eram muito próximas do sufismo popular e não elitizado pelos gran-

---

19. *Dhikr* significa rememorar, lembrar, recordar. É uma prática comum para todos os muçulmanos, dado que é recomendada no Corão e na *Sunna*, sendo que para as Ordens Sufis é o mais importante dos exercícios espirituais, de extrema relevância. Consiste na repetição ritmada e variada (cem, mil, dez mil, cem mil, podendo chegar até a um milhão de vezes) dos Nomes ou Atributos de Allah ou, também, de frases referentes a Allah ou, ainda, de partes do Corão. Por exemplo: entoar 100 vezes Allah, ou *La IlahalllaAllah* (não há divindade a não ser Allah), ou *la Hay* (O Vivificador, Aquele que dá a Vida) etc.

des sábios sufis. Aliado ao que já foi abordado, temos as denominações que eram dadas a alguns dos malês mais proeminentes (REIS, 2003, p. 117):

1) Limano ou Lemane:

É um termo que vem do árabe *al-Imam*, designando aquele que é responsável pela condução da oração em grupo; não é um sacerdote, mas alguém que conhece o Corão mais que os outros e tem condições de levar a cabo a oração em comunidade.

Clóvis Moura nos dá uma extensa relação de importantes limanos da Bahia, bem como a relação de alguns deles com o candomblé (MOURA, 2004, p. 390).

2) Alufá:

Termo que vem de alfa; é o designativo para o professor do Corão e era como os iorubás chamavam seus professores em geral. REICHERT (1970, 52) nos informa que "*El-Fa'* ou *Alfa'* se atribui a toda pessoa que possui certa instrução ou alguma fama de piedade". É o nome utilizado para designar aquele que confecciona amuletos ou que faz algum tipo de adivinhação oracular.

> O alufá é um curandeiro que cria amuletos e o conhecimento para o criar não é um estudo marginal, mas parte integrante da sua formação. A construção de amuletos e a prática de sua criação são tão mescladas e interligadas que, no contexto africano ocidental,

> a escrita árabe não pode ser encarada apenas como uma tecnologia racional para registro da voz; ao contrário, estão amarrados nas correntes do poder divino, na magia e nos valores religiosos. [...] O alufá funciona como um curandeiro, cuja magia é praticada no interior do domínio do Islã, obedecendo às leis islâmicas sobre o que é lícito e o que é proibido. Isso não exigia nenhuma mudança em sua atitude em relação à magia referente aos muçulmanos ou não muçulmanos, ele simplesmente introduzia uma nova tecnologia que poderia complementar ou substituir um amuleto antigo por um novo, distinto do velho apenas na medida em que continha caracteres árabes (BRANDON, 2008, P 457).

João do Rio faz uma descrição detalhada dos alufás que viviam no Rio de Janeiro:

> Os *alufás*... são maometanos com fundo de misticismo. Quase todos dão para estudar a religião... Logo depois da *suma* [do árabe *Sunna*] ou batismo e da circuncisão ou *kola*, os *alufás* habilitam-se à leitura do Corão. A sua obrigação é o *kissium*, a prece. Rezam ao tomar banho, lavando a ponta dos dedos, os pés e o nariz, rezam de manhã, rezam ao pôr do sol. Eu os vi retintos, com a cara reluzente entre as barbas brancas, fazendo o *abadá*, uma túnica branca de mangas perdidas, enterram na cabeça um filá vermelho, donde

pende uma faixa branca, e, à noite, o *kissium* continua, **sentados eles em peles de carneiro** ou de tigre. Essas criaturas **contam à noite o rosário ou tessubá** [do árabe, *tasbih*]).

Os malês eram procurados por sua fama como magos e feiticeiros, possuidores de um conhecimento que lhes proporcionava o contato com os *jinn* (gênios), seres da mitologia islâmica, que eram capazes de operar sobrenaturalmente.

Tanto no Rio como na Bahia, os Malês eram considerados mestres da magia negra e muitos deles viviam muito bem com os sortilégios que vendiam. João do Rio observa a esse propósito que, não obstante seu monoteísmo, se serviam para compor esses sortilégios de *aligenum*, espécie de demônios, um termo que é, obviamente, uma deturpação de *al-jinn*, e alguns desses [malês] adquiriram grande reputação nessa arte. [...] A magia Malê era considerada extremamente eficaz e perigosa, essa linha de magia consistia inteiramente de maus espíritos que desciam à terra para vingarem-se. Eles eram invocados pelo tracejamento de um círculo de pólvora, circundado com cigarros, bebidas, pimentas, tabaco, galinhas etc. A pólvora era acesa, e os espíritos desciam no momento de sua explosão. Os dirigentes dessa linha de magia eram chamados de "Alufá", "Pai Alufá" ou "Tio Alufá" (BASTIDE, 1971, p. 152).

3) Marabu ou Marabuto

Desde o princípio da penetração do Islã pela África, passou-se a designar "santos" do sufismo aqueles que possuíam a *baraka*, o poder espiritual.

> O *marabout* é com frequência um mago, um vidente, um adivinho. Uma boa parte de sua atividade consiste em confeccionar amuletos, que os franceses chamam de *gri-gris* e os ingleses de *juju*. São tais práticas, entre as quais a geomancia desempenha importante papel, que estabelecem como que uma ponte entre o Islã e o animismo. O *marabout* dirige, por vezes, uma escola corânica (MONTEIL, 1967, p. 13).

Podemos afirmar que a figura do marabu, no Brasil, estava ligada aos malês, cujos "sacerdotes ou verdadeiros marabus chamavam-se na Bahia de alufás" (RODRIGUES, 1977, p. 91). Assim, não resta dúvida de que havia forte influência do sufismo nas comunidades malês.

CAIRUS (2002, p. 64) aponta que, no início da Revolta dos Malês, houve consulta a um marabu, no sentido de se perscrutar se a empreitada teria ou não sucesso:

> Os malês utilizaram todo seu arsenal religioso na ocasião. Ela especifica as consultas feitas aos marabouts que então realizam a *khalwa* (o retiro durante o qual o líder jejua, reza e pratica o *Dhikr*) com o intuito de tentar pressentir o sucesso ou fracasso do

empreendimento. Os imans dirigem preces especiais para pedir orientação divina, as chamadas *salat al istikharah*, que são feitas em situações limite, como, por exemplo, às vésperas de um empreendimento militar. Portanto, concluiu Diouf, os malês se utilizaram dos recursos materiais, espirituais e os do ocultismo para se assegurar do êxito da revolta.

Ao mesmo tempo em que há o declínio do Islã africano, no final do século XIX, inicia-se a vinda de imigrantes árabes. Desafortunadamente, não houve contato entre as duas comunidades, o que poderia ter feito com que os muçulmanos negros mantivessem sua crença.

Após a Revolta dos Malês ocorrida na Bahia, em 1835, houve grande perseguição aos muçulmanos, especialmente naquele Estado, com a deportação de alguns deles, castigo físico ou a execução de outros ou fuga para outros Estados brasileiros, o que enfraqueceu a comunidade. Seu afastamento das fontes africanas fez com que a fé se enfraquecesse, culminando no desaparecimento dos malês.

Ainda que as comunidades muçulmanas de origem escrava no Brasil tivessem uma vida religiosa organizada e conseguissem fazer algumas conversões ao Islã, entraram em um rápido declínio a partir do final do século XIX e desapareceram na metade do século XX. A interrupção do contato com a África, que preservava a relação das comunidades do Brasil com os centros religiosos islâmicos, e a repressão das manifestações da religiosidade muçulmana levaram ao fim das comunidades muçulmanas malês. Os membros das novas gerações trocaram o Islã pelo catolicismo ou pelas religiões afro-brasileiras, o que levou à integração da presença muçulmana em simples influência da religiosidade de origem africana. (PINTO, 2011, p. 7)

4.3 A imigração árabe

Apesar de haver grande número de imigrantes árabes no Brasil, há pouco material que discuta a origem da imigração, como aponta Patrícia Dario El-Moor:

> A escassez do material sobre o assunto salienta que, apesar da grande quantidade de livros sobre o imigrante árabe no Brasil, o tratamento dado às investigações sobre este tema é, em boa parte, de cunho histórico e pouco elucidativo em relação ao processo de adaptação e integração ao novo local de residência. Dentre escritores de origem sírio-libanesa, muitos deles publicaram livros, em árabe ou em português, ou mesmo divulgaram artigos dispersos, em que trataram da vinda dos seus conterrâneos ao Brasil, sob vários aspectos. Porém, em geral, são trabalhos que visam ao elogio a certas famílias ou que se destinam para fins puramente pessoais.

O que podemos dizer é que, no final do século XIX e início do século XX, árabes, oriundos principalmente da Síria e do Líbano, começaram a migrar para o Brasil. Com a edição da Lei Áurea e o final da escravização de negros, houve necessidade de mão de obra para a lavoura, especialmente a de café. O Brasil, então, começou uma campanha para atrair essa mão de obra por meio de propaganda em jornais e visitas de autoridades a países da Europa e do Oriente Médio (SEYFERTH, 2002, p. 89). Os imigrantes árabes, contudo, não vieram ao Brasil para a lavoura, mas para fazer comércio, como já era sua tradição ancestral.

Não se sabe, no entanto, quantos desses imigrantes eram ou não muçulmanos e esse desconhecimento persistiu durante todo o tempo das levas de imigração árabe para o Brasil. Sabe-se, por exemplo, que a mesquita Brasil, localizada em São Paulo (atualmente no Bairro do Cambuci), foi a primeira mesquita da América Latina, construída em 1929, e ficava no Bairro da Mooca, só mudando para seu atual endereço em 1956.

> A Mesquita Brasil está ligada à mais antiga instituição muçulmana do Brasil, a Sociedade Beneficente Muçulmana, fundada em 1929 (na verdade essa instituição foi fundada em 1927 como Sociedade Beneficente Muçulmana Palestina e refundada como Sociedade Beneficente Muçulmana em 1929, de modo a incorporar o crescente número de imigrantes muçulmanos de origem síria e libanesa.). A mesquita

começou a ser construída em 1929 e foi ampliada e reformada em estilo "neomameluco" em 1956 (PINTO, 2005, p. 237).

Para PINTO (2005, p. 234), o Brasil possui pouco mais de um milhão de muçulmanos, cujo contingente é formado por imigrantes árabes (e seus descendentes) e brasileiros não árabes convertidos ao Islã, em razão de relacionamentos interpessoais, de um trabalho de divulgação do Islã por meio das mesquitas ou de Ordens Sufis. Nota-se, também, que nas duas últimas décadas houve um aumento de muçulmanos oriundos de países em conflito ou em crise humanitária da África e do Oriente Médio, especialmente Nigéria, Líbia e Sudão; Iraque, Palestina e Síria.

As maiores comunidades de muçulmanos encontram-se nos Estados de São Paulo, Paraná, Rio Grande do Sul, Rio de Janeiro e Minas Gerais, em número de aderentes. Há comunidades, também, em quase todos os Estados da Federação. Segundo o sítio de Internet da Federação das Associações Muçulmanas do Brasil (https://www.fambras.org.br/entidades) há 108 instituições islâmicas no Brasil.

Há, no entanto, grande dificuldade na divulgação do Islã no Brasil, por causa do sectarismo de certa parte da população árabe. Esse problema tem diminuído, mas há certa resistência das comunidades árabes em se abrirem para os convertidos ao Islã, em razão da preocupação que têm em manter suas tradições familiares, que nem sempre são islâmicas, mas costumes étnicos.

5 CONSIDERAÇÕES FINAIS

O objetivo deste trabalho foi o de oferecer, juntamente com informações que consideramos relevantes e pertinentes, perspectivas para compreensão de algo muito distante à maioria dos brasileiros: o Islã.

Não tivemos a pretensão de fazer um tratado sobre as ciências islâmicas, nem sobre a biografia do profeta Muhammad, dos seus companheiros e familiares, muito menos dos Califas "Bem Guiados" (Abu Bakr, Umar, Uthman e Ali). Tentamos apresentar o Islã àqueles que só ouvem dizer sobre a religião quando há algum atentado terrorista que impacta os meios de comunicação.

Acreditamos que conseguimos introduzir o leitor no universo do Islã, identificando seus postulados principais e seu papel no dia a dia do muçulmano, apresentando a religião, trazendo suas raízes e fontes, bem como seu desenvolvimento ao longo do tempo, inclusive sua chegada ao Brasil.

Acreditamos que pudemos colaborar, de forma a trazer melhor entendimento do Islã. Em que pese o autor ser muçulmano, este livro não teve a ideia de ser proselitista, mas informar o leitor como os muçulmanos enxergam a si mesmos e lidam com suas práticas religiosas.

São Paulo, 29 de abril de 2021
(17º dia do mês do Ramadan do ano de 1442).

REFERÊNCIAS BIBLIOGRÁFICAS

ABU-DAWUD, Imam. *Sunan Abu Dawud*. Riyadh: Darussalam Publications, 2008.
AD-DIMASHQI, Ibn Kathir. *Stories of the Prophets*. Riyadh: Darussalam Publications, 2019.
ADETONA, Lateef M. *A concise introduction to the practice of Islam*. Lagos: Religions Think-Tank Group, 2002.
ALKHATEEB, Firas. *Lost Islamic History: reclaiming muslimcivilisation from de past*.Londres: Hurst & Company, 2014.
AKHATAR, Javed. *A handbook on Islam*. New Delhi: Adam Publishers & Distributors, 2014.
AL HAJJAJ, ImamMuslim. *Sahih*. Riyadh: Darussalam, 2007.
_____. *O Jardim dos Virtuosos*. São Bernardo: CDIAL, 2001.
AMANAT, A. *Empowered through violence: the reinventing of Islamic extremism*. In: Talbott, S., Chanda, N. (Eds.). *The Age of Terror: America and the World After September 11*, Yale Center for the Study of Globalization, 2001.
AN-NAWAWI, Iman. *Collection of Forty Hadith*. Kuala Lumpur: Islamic Book Trust, 1996.
ANTES, Peter. *O Islã e a Política*. São Paulo: Ed. Paulinas, 2003.
BASCOM, William Russel. *Ifa divination: communication between gods and men in West Africa*. Indianapolis: Indiana University Press, 1991.
BASTIDE, Roger. *As Religiões africanas no Brasil: Contribuição a uma sociologia das interpenetrações de civilizações*. Vol I. Rio de Janeiro: EDUSP. 1971.
BRANDON, George Edward. From Oral to Digital: rethinking the transmission of Tradition in Yorùbá Religion. Em: OLUPONA, Jacob K. & REY, Terry (eds.). *Òrìṣà Devotion as World Religion: The globalization of Yorùbá Religious Culture*. Wisconsin: The University of Wisconsin, 2008.
BUCAILLE, Maurice. *A Bíblia, o Corão e a Ciência*. São Bernardo do Campo: CDIAL, 1999.
CAIRUS, José A. Teófilo. *Jihad, Cativeiro e Redenção: escravidão, resistência e irmandade, Sudão Central e Bahia (1835)*. Dissertação de Mestrado. Rio de Janeiro: Universidade Federal do Rio de Janeiro, 2002.
DENNY, Frederick M. *An introduction to Islam*. New York: Routledge, 4º ed., 2016.
DONINI, Giovanni. *O mundo islâmico: do século XVI à actualidade*. Lisboa: Ed. Presença, 2008.

CLARCK, Malcolm. *Islam for Dummies*. New Jersey: John Wiley & Sons, 2019.

DOCKRAT, Muhammad Ashraf Ebrahim. *Between Orthodoxy and Mysticism: The life and works of Shaikh Muhammad Ibn Tahir Al-Fattani*. Johannesburg: Universityof South Africa, 2002.

EL-HAYEK, Samir. *O Significado dos versículos do Alcorão Sagrado*. São Paulo: Marsam, 2004.

EL-MOOR, Patrícia D. *O Reconhecimento da Presença Árabe no Brasil: na busca de uma identidade Nacional*. Anais do XI Congresso Luso Afro Brasileiro de Ciências Sociais, realizado em Salvador, de 07 a 10 de agosto de 2011. Salvador: UFBA, 2011.

EMERICK, Yahiya. *The Complete Idiot's Guide to Understanding Islam*. London: Alpha Books, 2007.

ERNST, Carl W. *Following Muhammad: rethinking Islam in the contemporary world*. North Caroline: University of North Carolina Press, 2003.

ESPOSITO, John L. *What everyone needs to know about Islam*. New York: Oxford University Press, 2011.

FILORMANO, Giovanni. *Monoteísmos e Dualismos: as Religiões de Salvação*. São Paulo: Ed. Hedra, 2005.

GEERTZ, Clifford. *Observando o Islã*. Rio de Janeiro: Jorge Zahar Editores, 2004, p. 60.

GOROSTEGUI, Agustín A. *Islam em Africa Subsahariana*. Revista Cuadernos, Madrid: FundaciónSur, 2009.

GULEVICH, Tanya. *Understanding Islam and Muslim traditions*. Detroit: Omnigraphics, 2004.

HALEEM, Abdel. *Qur'an and hadith*. In: WINTER, Tim (ed.). *The Cambridge companion to classical Islamic theology*. Cambridge: Cambridge University Press, 2008.

HAMIDULLAH, Muhammad. *Le Saint Coran: textearabe, traduction sémantique en langue française*. Bayoruth: Al Biruni, 2000.

HANEEF, Suzanne. *What Everyone Should Know About Islam and Muslims*. Chicago: KaziPublications, 1995.

HUNTINGTON, Samuel P. *O Choque de Civilizações e a Reconstrução da Ordem Mundial*. Rio de Janeiro: Objetiva, 1996.

JACKSON, Roy. *What is Islamic Philosophy?* Abingdon: Routledge, 2014.

KNYSH, Alexander. *Islamic Mysticism: A Short History*. Leiden: Brill, 2000.

LEAMAN, Oliver (ed.). *The Qur'an: an Encyclopedia*. Abingdon: Routledge, 2006.

LEWIS, Bernard. *Islam in History: Ideas, People, and Events in the Middle East*. Chicago: Open Court, 2nd ed, 2001.

_____. *Os Assassinos, Os primórdios do terrorismo no Islã*. Rio de Janeiro: Editora Jorge Zahar, 2003.

_____. *A Crise do Islã, guerra santa e terror profano*. Rio de Janeiro: Editora Jorge Zahar, 2004.

_____. *O Oriente Médio: do advento do cristianismo aos dias de hoje*. Rio de Janeiro: Jorge Zahar, 1996.
LIPKA, Michael & HACKETT, Conrad. *Why Muslims are the world's fastest-growing religious group*. Fact Tank. Washington: Pew Research Center, 2015. Disponívelem: http://pewrsr.ch/2nOPNXY. Acesso em: 12/03/2021.
LOPES, Nei. *Bantos, Malês e identidade negra*. Belo Horizonte: Autêntica, 2008.
MALIK, Jamal. *Sufism in the West*. Londres: Routledge, 2006.
MARTIN, Richard (ed.). *Encyclopedia of Islam and the Muslim World*. Michigan: GALE, 2016.
MOGRA, Imram. *Understanding Islam: a guide for teachers*. London: SAGE, 2020.
MONTEIL, Vincent. *O Islã na África Negra*. Revista Afro-Ásia, Salvador: Centro de Estudos Afro-Orientais, nº 4-5, 1967.
MUNT, H. *Muḥammad and the Constitution of Medina: The Declaration of Medina's Ḥaram*. In: *The Holy City of Medina: Sacred Space in Early Islamic Arabia*. Cambridge: Cambridge University Press, 2014.
NASR, Helmi. *A eloquência milagrosa do Alcorão*. Folha de São Paulo, São Paulo, 10 de março de 1996, +Mais. Disponível em: <https://www1.folha.uol.com.br/fsp/1996/3/10/mais!/8.html >. Acesso em: 01/03/2021.
NASR, Seyyed Hossein. *Ideals and Realities of Islam*. Boston: Beacon Press, 1972.
PINTO, Paulo Gabriel Hilu da Rocha. *Ritual, etnicidade e identidade religiosa nas comunidades muçulmanas no Brasil*. Revista USP, São Paulo, n. 67, p. 228-250, set./nov. 2005.
_____. *El Islamen Brasil: elementos para una antropologia hitsórica*. Revista de História Internacional, Cidade do Mexico: ISTOR, Ano XII, n. 45, 2011.
QUÉCHON, Martine. *Réflexions sur certains aspects du syncrétisme dans l'Islam ouest-afrcain*. Paris: Editions de l'Ecole des Hautes Etudes em Sciences Sociales, Cahiers d'études africaines. Vol. 11, nº 42, 1971, p. 212. Disponível em: < http://www.persee.fr/web/revues/home/prescript/article/cea_0008-0055_1971_num_11_42_2801>. Acessado em: 20/09/2011.
REICHERT, Rolf. *Denominações para os muçulmanos no Sudão Ocidental e no Brasil*. Revista Afro-Ásia, Salvador: CEAO, v. 1, nº 10-11, 1970.
REIS, José João. *Rebelião Escrava no Brasil: a história do levante dos malês em 1835*. São Paulo: Companhia das Letras, 2003.
RODRIGUES, Raimundo Nina. *Os Africanos no Brasil*. Rio de Janeiro: Editora Brasiliana, 1977.
RIO, João do. *As religiões do Rio*. Rio de Janeiro: Ed. Simões, 1991.
ROOJI, Laurens & ARJUNA, Sophia. Islam. In: WHERRY, Frederick & SCHUOR, Juliet (eds). *SAGE Encyclopedia of Economics and Society*. California: SAGE Publications, 2015.
SAID, Edward W. *Orientalismo, o Oriente como invenção do Ocidente*. São Paulo: Companhia das Letras, 1990 e Said, Edward W. Cobrindo o Islã. Rio de Janeiro: Ediouro, 2007.

SELLS, Michel. *Approaching the Quran the early revelations*. Ashland: White Cloud Press, 2007.

SEYFERT, Giralda. *O beneplácito da desigualdade: breve digressão sobre racismo*. In: HADDAD, Sérgio (org.). *Racismo no Brasil*. São Paulo: Peirópolis; ABONG, 2002.

SONN, Tamara. *Uma breve história do Islã: um guia indispensável para compreender o Islã do século XXI*. Rio de Janeiro: Ed. José Olympio, 2011.

SWARTLEY, Keith. *Encountering the World of Islam*. Atlanta: Authentic Media, 2005.

TEIXEIRA, Faustino. *Rumi: A paixão pela Unidade*. REVER - Revista de Estudo da Religião, São Paulo: PUC, nº 4, 2003.

TRIMINGHAM, J. S..*The phases of Islamic Expansion*. In: LEWIS, I. M..*Islam in Tropical Africa*. Londres: Oxford University Press, 1966.

TRIMINGHAM, John Spencer. *Islam in West Africa*. Londres: Oxford University Press, 1959.

VITRAY-MEYEROVITCH, Eva de. *Sentido da Oração*. In: LUCCHESI, Marco (org.). *Caminhos do Islã*. Rio de Janeiro: Ed. Record, 2002.

VERNET, Juan. *As Origens do Islã*. São Paulo: Ed. Globo, 2004.

WANIEZ, Philippe & BRUSTLEIN, Violette. *Os muçulmanos no Brasil: elementos para uma geografia social*. RevistaAlceu 1 (2), 2001.

WEISMANN, Itzchak. *The politics of popular religion: Sufis, Salafis and Muslim Brothers in 20th Century*. London: International Journal Middle Eastern Studies, nº 37, 2005.

ZAMAN, Amir & ZAMAN, Nazma. *Young Muslims, What they should know about Islam*. Toronto: Toronto Islamic Center, 2012.

SOBRE O AUTOR

Mário Alves da Silva Filho (Ahmad Abdul Haqq), natural da cidade de São Paulo (SP), nascido em agosto de 1967. É Especialista e Mestre em Ciência da Religião; Doutor e Mestre em Ciências Policiais; e Especialista em Políticas de Gestão em Segurança Pública. Converteu-se ao Islã em 1997. Pesquisa o Islã e religiões afro-brasileiras há mais de 20 anos. É Coronel da Polícia Militar de São Paulo.